4,318km
꿈의 트레일

4,318km 꿈의 트레일

초판 1쇄 인쇄일 2022년 12월 27일
초판 1쇄 발행일 2023년 01월 05일

글·사진 최인섭
펴 낸 이 양옥매
디 자 인 표지혜
교   정 조준경

펴낸곳 도서출판 책과나무
출판등록 제2012-000376
주소 서울특별시 마포구 방울내로 79 이노빌딩 302호
대표전화 02.372.1537   **팩스** 02.372.1538
이메일 booknamu2007@naver.com
홈페이지 www.booknamu.com
ISBN 979-11-6752-262-7 (03940)

미 국 3 대 트 레 일 PCT 종 주 기

4,318km
꿈의 트레일

★ 글·사진 ★ **최인섭**

• 다음엔 어느 길 위에 있을까 •

　최인섭 님을 처음 만난 건 2019년 경향신문사에서 주관한 경향시민대학 '여행 글쓰기' 강좌에서였다. 난 강사고 그는 수강생이었다. 그는 정년을 3년 남겨 둔 공무원이었는데, 2017년에 휴직하고 10개월간 남미 자전거 여행을 다녀온 뒤 『저 안데스를 넘을 수 있을까』란 책을 막 출간한 즈음이었다.

　난 수업 시간에 숙제를 많이 내주는 부담스러운 강사였는데, 그는 개의치 않고 항상 맨 앞자리에 앉아 성실하고 진지하게 수업을 들었다. 그는 어느 날 내게 명예퇴직을 신청하고 PCT(Pacific Crest Trail)에 도전할 거라고 했다. PCT라니? 영화에서나 보던 그 PCT? 실제로 그는 리즈 위더스푼이 주인공으로 나왔던 영화 〈와일드(Wild)〉를 보고 PCT 완주를 인생의 버킷 리스트에 올려놓았다고 한다.

　그는 정말로 안정된 직장을 박차고 나와 4,300km에 이르는 PCT를 걷기 시작했다. 지구 둘레의 10분의 1에 해당하는 거리로, 멕시코와 미국 경계인 캄포(Campo)에서 시작해 미국과 캐나다 경계까지 6

개월에 걸친 대장정이다.

이 책은 그 여정을 담았는데, 읽다 보니 조금 뜻밖이었다. 이런 기행문은 대개 약간의 과장과 극적인 고생담을 설탕처럼 살짝 입히기 일쑤인데 그런 게 전혀 보이지 않았다. 평소 그의 모습처럼 글도 담백하고 정직하고 과장이 없었다. 혹한, 무더위, 눈과 비, 부상, 해충 등 분명 견디기 어렵고 고통스러웠을 듯한 상황에도 대수롭지 않은 듯 긍정적으로 묘사하고 오히려 즐기는 듯했다. 길에서 만난 낯선 외국인들이 그에게 한결같이 친절을 베풀고 도움을 준 이유도 바로 이런 태도 때문이었으리라.

그는 여행 준비도 철저히 했다. 단순히 장비나 식량 등의 보급 계획뿐 아니라 여행 대상국의 언어, 역사 등에 대해서도 철저히 공부했다. 게다가 여행에서 돌아와 청년재단에 기부까지 했다니 여행의 마무리까지 감동적이다.

그에게는 한 가지 계획이 또 남았다. 65세가 되기 전에 자전거로 세계 일주를 하는 일이다. 난 나이 든 사람이 나이는 숫자에 불과하다고 '객기' 부리는 걸 별로 좋아하지 않는데, 그만은 예외다. 그는 아마도 65세 전에 자전거 세계 일주를 마친 뒤, 70세 되기 전에 도전할 또 다른 계획을 내놓을지도 모른다. 그에게는 자신의 나이와 상관없이 계속 도전할 의지가 분명히 있으므로.

임인학 (사)한국여행작가협회 회장

4,318km 꿈의 트레일

• 불현듯 내게 다가온 PCT •

"여보, 빨리 나와 봐. 당신이 볼만한 트레킹 프로그램이야."

2018년 5월 13일 일요일, 느긋하게 낮잠을 자고 있던 중 아내가 날 부르는 소리에 잠을 깼다. TV를 통해 PCT를 처음 만나는 순간이었다. 이 길을 걷는 이들의 이야기를 보고 들으며 난 주저 없이 결심했다. '이 길은 내가 걸어야 할 인생길이다. 그야말로 내 최고의 버킷 리스트다.' 자전거를 타고 10개월간 남미 여행을 마치고 집에 돌아온 지 3개월이 조금 지난 후여서 여행의 여운이 고스란히 남아 있던 터였지만, 이후 내 머릿속엔 오직 P, C, T 세 단어만이 똬리를 틀고 있었다. 한 해 도전자의 16%만 성공한다는 해설에 잠시 머뭇거렸지만, 이내 저 길을 걷는 내 꿈이 이 머뭇거림을 잠재웠다.

"해가 뜨고 짐은 매일 있는 거란다. 네가 마음만 먹는다면 언제나 볼 수 있고, 언제든 그 아름다움 속으로 들어갈 수 있단다." 영화 〈와일드(Wild)〉에서 주인공 셰릴(리스 위더스푼 역)에게 엄마 보비(로라 던 역)가 건넨 말이다. 하지만 난 언제든 그 아름다움 속으로 들어갈 수 없는 나이. 내년이면 60이 된다. 머뭇거리거나 주저하다간 수틀린다. 한 살이라도 더 먹기 전에 움직여야 한다.

2020년 1월 29일, 미국 PCT협회에서 2020년 3월 6일부터 8월 26일까지의 운행 일정에 대한 허가증을 받았다. 차근차근 운행 준비를 하면서 이런 생각을 했다. '전적으로 나 혼자만의 여정이며 내 개인적 도전에 불과한 행위이지만, 이 행위를 통해 뭔가 우리 사회에 기여할 방법이 있지 않을까. 내 걸음에 뭔가 의미를 부여할 수 있으면 좋겠다.'

아내와 이런저런 방안에 대해 상의한 끝에, 내가 걸은 거리만큼 돈으로 환산해 사회에 유익한 활동을 하는 단체에 기부하는 방식이 좋겠단 결론을 내렸고, 망설임 없이 청년재단을 선택했다. 약정식을 하자는 청년재단의 제안에 흔쾌히 응했다. 약정식은 곧 내가 이렇게 하겠단 약속이므로 오히려 자극제가 될 수도 있겠다 싶었다.

이 재단은 청년 지원 특화기관으로서 시급하고 절박한 청년 문제 해결을 위해 국민의 기부금으로 여러 가지 청년 지원 사업을 펼치는 공익사업 기관이다. 지금 이 시대에 가장 왕성한 활동을 할 청년들의 삶이 가장 고단한 때가 아니던가. 1km를 걸을 때마다 500원씩 기부하겠단 약속을 했다. 내가 완주할 경우 기부액은 215만 원이다. 청년 한 사람에게 지원해도 턱없이 부족한 액수이지만, 청년 세대의 미래를 함께 고민해 주는 기성세대도 있음을 알리고 싶었다. 내가 더 나이가 들어 누군가에게 기댈 때가 분명히 올 테고, 그렇다면 지금의 청년들에게 의지할 수밖에 없다.

하루 평균 25km를 걷는다는 계획 아래 필요한 장비들과 관련 서류 등을 준비했다. 6개월 비자를 받아야 했기에 미국대사관엘 갔더니 한두 마디만 묻고는 '잘 다녀와라' 한다. 무거운 짐을 6개월쯤 지고 다녀야 하므로 '같은 값이면 다홍치마'라고 가능한 한 가벼운 장비들로 선택을 했다.

그리고 2월 말, 다니던 직장에 한 점 후회 없이 명퇴신청서를 던졌다. 지인들은 이구동성으로 내게 말했다. "혼자서 그런 먼 거리를 걸으면 위험하지 않을까?", "낼모레면 나이 60인 사람이 왜?", "코로나19가 막 확산되기 시작하는데 괜찮을까?" 다들 날 걱정하는 소리들만 한다. 이런 말로 답을 했다. "뭐, 죽기야 하겠어?"

하지만, 출발할 즈음 코로나19가 극성을 부리기 시작하며 전 세계를 역병의 구렁텅이로 몰아넣는다. 확진자가 기하급수적으로 늘어난다. 미국은 그 한가운데에 있다. 갈까 말까를 고민했다. 다만, 아직 역병 초기이므로 미국 입국 시 문제가 되지 않는다면 가야 한다고 결심했다. 이때를 위해 꼬박 1년을 기다리고 준비했는데.

마침내 2020년 3월 2일, 로스앤젤레스행 비행기에 배낭과 짐을 실었다. '설마 죽기야 하겠어?'를 되뇌며.

● 추천사 | 다음엔 어느 길 위에 있을까 **5**

● 들어가며 | 불현듯 내게 다가온 PCT **7**

Part 1. 남부 캘리포니아
　　　 – 끝없는 환대에 깊은 감동을 받다 **13**

Part 2. 중부 캘리포니아
　　　 – 내가 이 길을 걸을 수 있음은 진정한 축복이다 **85**

Part 3. 북부 캘리포니아
　　　 – 타인이 내게 준 도움의 끝은 과연 어디까지일까 **171**

C O N T E N T S

Part 4. 오리건

　　– 길은 그 자리에 있을 테고 난 무리하지 않겠다　**203**

Part 5. 워싱턴

　　– 멈춤은 중단이 아닌 새로운 시작　**231**

● 맺으며 | 오늘의 나는 내일보다 젊다　**290**

● 부　록 | PCT 운행 시 알아야 할 몇 가지 정보　**293**

● 부　록 | PCT 지역 들꽃　**302**

Part 1

독수리 바위(Eagle Rock), 출발점으로부터 170km 지점에 있다.

남부 캘리포니아

끝없는 환대에 깊은 감동을 받다

★ 운행 구간 ★

캄포(Campo) 〜 Highway 58 Overpass

★ 운행 거리 ★

566.5mile(911.49km)

★ 운행 기간 ★

2020.3.6. 〜 4.26.

"너무 멀리 가기를 마다하지 않는 자만이 얼마나 멀리 갈 수 있는지 알 수 있다."

– 토마스 스턴스 엘리엇(Tomas Stearns Eliot)

드디어 시작이다, 출발

PCT 출발점. 뒤쪽으로 멕시코와 미국의 국경이 이어져 있다.

캄포(Campo: 스페인어로 시골, 농촌이란 뜻)에 있는 PCT 출발점에 선 때는 2020년 3월 6일 금요일 11시경. 드디어 PCT를 향해 첫발을 내디딤으로써 긴 길을 걷기 시작한다. 이제 난 편안한 일상을 넘어 내가 설정한 도전을 시작한다. 나에 대한 도전이자, 특별히 위암과 싸우고 있는 내 친구의 투병에 힘을 보태고자 내가 걷는 한 걸음마다 친구의 몸에서 기생하는 암 세포가 수백 개씩 없어지길 바라며 걸을 생각이

4,318km 꿈의 트레일

다. 친구에게도 그런 내 뜻을 비쳤고 친구 또한 힘을 내겠다고 했다.

'순례자의 길'이라 일컫는 스페인 산티아고 길의 상징은 가리비 껍데기다. 이 껍데기를 따라 걸으면 목적지인 산티아고 데 콤포스텔라 교회에 이른다. PCT 길에도 길이가 9cm쯤 되는 테두리가 둥근 삼각형 마크가 붙은 사각형 나무가 길을 따라 곳곳에 설치되어 있다. 마크엔 'PACIFIC CREST TRAIL'과 'NATIONAL SCENIC TRAIL' 글씨를 새겨 넣었다. 난 이 마크를 보며 6개월 동안 걷는다.

짐이 무겁다. 무게를 최소화해서 걸어야 함을 알고 최대한 줄인다고 줄였지만 20kg 이상 좋이 나갈 듯하다. PCT를 걷는다는 설렘으로 걷긴 하지만, 어깨를 내리 누르는 배낭이 내 걸음을 더디게 한다. 4시간쯤 걷고 나니 어깨에 통증이 올 만큼 아프다.

첫날이니만큼 무리하지 않는 편이 좋겠다 싶어 일찌감치 운행을 마쳤다. 길에서 약간 벗어난 곳에 평평하고 둥그스름한 바위 아래 텐트 치기에 맞춤한 곳이 보인다. 일찍 잠을 청해 내일 새벽 달빛이 교교하여 길을 걷는 데 지장이 없다면 적어도 6시 전에 출발하련다. 3월 초임에도 낮엔 무덥기에 일찍 출발해 한낮엔 좀 쉬면서 더위를 피할 수 있으리라.

첫날에 부여하는 의미는 상당하다. 우여곡절 끝에 시작을 했고 탈 없이 하루를 마쳤다는 측면에서 그렇다. 6개월 동안을 걸어야 하므로 오늘 하루 얼마나 걸었느냐는 사실 무의미하다. 걷다 보면 언젠가 발걸음을 마칠 때가 있을 터, 그저 하루하루 안전하고 무사하게 내가 설

곳에 도달하면 된다. 첫날 밤엔 황홀한 꿈을 꾸었다. 묘령의 아가씨와
진한 데이트를 했다. 아주 기분 좋은 밤이었다.

Don't worry be happy

아침에 일어나 잠시 눈을 감고 주위 자연의 소리를 듣는다. 자연에
서 살아가는 동식물들의 소리가 이국이라 해서 별반 다르지 않다. 여
러 종류의 새가 제각각 자신의 고유한 목소리로 아침을 맞는다. 꾸엑
꾸엑, 찍찍찍 찌르르르, 호로로록, 삐리리삐익…. 흡사 새소리 경연
대회라도 치르는 양 높고 낮은 숲속 선율에 기분이 매우 상쾌하다. 밤
새 내린 이슬이 물방울이 되어 풀잎 위에서 또르르르 굴러 땅에 떨어
진다. 태양의 온기와 숲속에 부는 바람도 그리 차이가 없다.

박원식 선생은 『BRAVO my life』 '속리산 상고암의 가을'에서 이런
글을 썼다. '산은 세상에서 가장 미더우며 산의 속성을 낱낱이 알아낼
수 있다면 삶에 대한 이해도 깊어지리라. 산을 마음에 담고 산다면 세
속의 진흙땅에서 무리하지 않을 수 있으리라.' 나 또한 이런 생각을
하며 걷는다. 단 하나라도 산의 속성을 알아내어 일상에서 삶에 대한
이해를 넓힐뿐더러 무리하지 않게 살아가기 위해 이 길을 걷고 있노
라고.

4,318km 꿈의 트레일

PCT 길은 특징이 있다. 이른바 스위치백(Switch-Back)이다. 지그재그(Zigzag)로 길을 냈고 기울기를 완만하게 해 누구나 수월하게 걷게 함이리라. 길동무들이 제법 많다. 혼자 걷는 여성이 있는가 하면, 연인인 듯 남녀가 같은 배낭을 메고 걷고 있다. 이 길을 마치면 저들의 관계가 훨씬 돈독해지고 그들의 사랑은 더욱 깊어지겠지.

높은 고개를 넘으며 더위와 땀으로 범벅이 되었다. 모레나(Morena: 스페인어로 '돌과 진흙 더미'란 뜻) 호수 공원에서 잠시 쉰다. 하이커들이 쉴 수 있는 텐트 사이트(Tent site)가 호수 바로 옆에 있다. 처음으로 하이커 박스(Hiker Box)를 보았다. 불필요한 짐을 버리는 상자다. 새 등산화, 옷가지, 모자, 양말, 각종 양념 병, 가스통, 선크림, 바지, 심지어는 아보카도까지 여러 물건들이 수북이 쌓여 있다. 누구든지 필요한 물품을 찾아 가져갈 수 있어 누이 좋고 매부 좋은 박스다.

찰리와 로이를 만났다. 이들은 시원한 캔 맥주를 내밀며 멀리 동양에서 온 나를 반겨 주었다. 찰리는 71세이고 서점을 운영하는 철학자라며 내게 명함을 건네준다. 그가 내게 묻는다. "당신은 어디에서 살고 있죠?" "대한민국 서울에서 살죠." "천만에, 당신은 지금 바로 여기 이곳서 살고 있잖아요!" 말문이 막힌다. 곰곰이 생각해 보니 그의 말이 옳다. 내 삶의 거처는 현재 지금 있는 곳, 바로 이곳이잖은가! 철학하는 사람이 맞긴 맞는 모양이다.

텍사스에 산다는 로이는 올해 47살이다. 자기는 도시가 싫단다. 시골에서 염소 키우는 일이 매우 좋다고도 한다. 삼성 휴대폰을 보여

주며 값이 싸고 성능이 좋다고 칭찬한다. 가수 싸이가 부른 〈강남 스타일〉을 정말 좋아한다며 말춤을 추기도 한다. 나도 그를 따라 말춤을 추며 호응을 했다. 이들도 나처럼 이 길을 걷기 위해 오랜 기간 자신의 의지를 불태웠겠지. 두 사람은 입을 모아 내게 말한다. "Don't worry be happy."

PCT 야영지에서 만난 트레일 매직(Trail Magic)

책으로만 읽었던 트레일 천사(Trail Angel)를 야영지(Campground)에서 만났다. 자신의 트레일 이름(Trail Name: PCT 하이커들은 길 위에서 자신의 본명 대신 통상 별명을 사용한다)을 마그네토(Magneto)라고 불러 달란다. 이 친구는 자신의 차를 이용해서 하이커들이 다니는 길에 상을 차렸다. 시원한 맥주는 물론, 과일도 준다. 저녁 식사와 다음 날 아침 식사까지 마련해 주었다. 모두 자신이 비용을 부담한다. 고맙고 놀랍고 신기했다. 길 위에서 만나는 진짜 천사다.

천사들은 모두 PCT 종주 경험을 가졌다. 그 힘들고 험한 길을 걸은 이들이라 누구보다도 길 위에서 필요한 요소들을 잘 알고 있다. 하이커들은 이런 상황을 트레일 매직(Trail Magic)이라고 표현한다. 생각지도 못한 곳에서 낯모르는 사람이 아무런 대가 없이 음식과 맥주를 제공해 주는 이 상황을 마술이라 하지 않고는 달리 설명할 길이 없다.

나는 이 친구에게 가져간 태극기 배지를 선물로 주었고, 아내가 길 위에서 읽으라고 내게 준 책『산티아고 거룩한 바보들』까지 그의 손에 넘겼다(무게를 줄이기 위한 이유도 있었다). 천사는 흔쾌히 책을 받으며 내게 말한다. "이 책을 읽기 위해 이젠 한국어를 배워야 하겠네." "물론, 한국어 배우기 쉬워." 아침엔 주변에서 함께 하룻밤을 보냈던 길동무들에게도 커피 믹스를 한 잔씩 타 주었더니 다들 좋아한다.

라구나(Laguna Community)에 닿으니 우체국은 이미 문을 닫았다. 란차(Rancha: 스페인어로 '판잣집'이란 뜻, 미국 캘리포니아 남부엔 스페인 명칭이 많다) 캠프장에서 하이커 여러 명을 만나 단체로 야영을 했다. 아침에 시니어 두 분과 인사를 나눈다. 한국인이라고 소개를 했더니, 대뜸 "PCT를 즐기세요." 한다. 70세가 넘어 보이는 두 분은 이 캠프

길동무들이 함께 캠핑하자는 의견을 나누고 있다. 단체로 캠핑을 하면 비용이 싸다.

장에서 봉사 활동을 한다며 맑은 표정을 지어 보인다. 화장실을 청소하고 쓰레기 분리수거를 한다. 은퇴 후 자신이 사는 마을에서 일할 수 있음은 진정한 축복이다.

모하비 사막 끝자락에서 나 홀로 캠핑

4일 치 보급품을 찾아 배낭을 꾸리니 보통 무게가 아니다. 하루 이틀 지나면 또 가벼워지겠지만, 어깨를 짓누르는 배낭의 무게로 걸음은 더디고 몸은 천근만근 무겁다. 그렇지만 미지의 길에 대한 설렘이 물리적인 어려움을 이긴다. 한 발 한 발 끊임없이 내딛는다.

4,318km 꿈의 트레일

야트막한 봉우리가 있는 사막 지대를 건넌다. 사하라 사막처럼 오직 모래만 존재하는 사막이 아닌, 풀과 키 작은 나무가 사는 사막이다. 캘리포니아 남부에 있는 모하비 사막의 끝자락이다. 도로가 없고 사람이 사는 흔적조차 보이질 않는다. 반나절쯤 걸었지만, 길이 평탄해 제법 먼 거리를 걸었다. 에둘러 가는 길이 많아 실제 직선거리는 얼마 되지 않는다. PCT 길이 긴 이유도 이렇게 에두르는 길이 많아서이리라.

운행을 마친 곳은 출발지에서 52마일(83km) 걸어온 지점이다. 야영 가능 표지판이 있어 짐을 풀고 있는데, 어제 같이 야영했던 제리(Jerry)가 나타났다. 그러더니 내게 "이곳에선 캠핑을 할 수 없어." 하며 안내판을 가리킨다. 해가 있을 동안에만 캠핑이 가능하고 밤을 보낼 순 없다고 쓰여 있다. 제리가 말한다. "2.2마일 더 가면 텐트 사이트가 있고, 난 거기에 가서 캠핑을 할 거야." "근데 어쩌지, 난 몹시 피곤해서 더 이상 걸을 힘이 없어." "레인저(Ranger)가 와서 뭐라고 하면 무조건 몰랐다고 해." "고마워, 제리! 내일 만나."

'알싸미'에 물을 듬뿍 부은 다음 컵라면을 넣고 끓였다. 파래김자반과 고추장을 첨가해 비빈다. 미소국을 더하니 훌륭한 저녁 식사가 완성됐다. 여기에 단무지나 김치를 더한다면 산해진미가 따로 없을 텐데 거기까진 욕심이다. 야전에선 야전 방식에 따를 수밖에 없다. 잠을 청하니 후드득 빗방울이 긋는다. 빗줄기가 굵어지더니 이내 우박으로 바뀌며 텐트를 때리는데, 모조리 구멍을 내 버리겠다는 듯 거세다. 텐트 안 공간이 넓어 우박 떨어지는 소리가 더욱 크게 들린다. 밤새 자반뒤집기를 되풀이하며 거의 뜬눈으로 보냈다. 텐트가 젖고 배낭 안엔 물이 흥건하다.

변수가 생겼지만 난 걸어야 하고 걷기 위해선 또 먹어야 한다. 누룽지와 육포를 넣고 들입다 끓인 후 파래김자반을 섞어 먹는다. 육포의 짭조름한 맛과 파래김자반의 소금기가 적당한 간을 만들어 준다. 처음으로 생리현상을 자연에서 해결했다. '흔적을 남기지 말라'는 PCT 규정에 충실히 따라 작업 결과물(?)을 땅속에 묻었다. 지금까지 길 위에 비닐봉지, 담배꽁초 하나 볼 수 없었다.

———— 체인숍, 제인숍, 아니 최인섭

평원을 3km 이상 걸으니 78번 도로를 만난다. 트레일 천사 두 명이 하이커들을 반겨 준다. 제리도 보인다. 천사들은 캔 맥주, 사과, 바나나를 나눠 주며 그간의 고생을 위로해 준다. 12마일 떨어진 율리안(Julian)에 가서 뭘 좀 살까 말까를 고민하는데 천사가 말한다. "동전 던지기를 해서 결정하세요." 결과는 '가지 마라'였지만 차에 올랐다. 장비점에 들러 똥삽과 스낵바, 과자, 미국산 라면 따위를 산 후, 천사의 차를 얻어 타고 다시 78번 도로로 복귀했다.

6시간 동안 비를 맞으며 걸었다. 해발 1,500m라 바람이 세다. 저체온증 증세가 나기에 부리나케 걸어 숲으로 들어갔다. 텐트 안에서도 몸이 으슬으슬 떨리면서 여전히 춥다. 뜨거운 물을 마시니 체온이 오른다. 앞서간 길동무들이 동굴 앞에서 간식을 먹고 있다. 사람이 인위적으로 뚫은 동굴이다. 한 사람이 드러누우면 맞춤한 크기다. 왜 이런 데에다 동굴을 팠을까. 이 세상엔 이해하기 어려운 일이 부지기수다.

친구들과 인사를 한다. "나는 대한민국에서 왔고 이름은 최인섭이야." "체인솝?" "아니, 최, 인, 섭." "제인솝?" "아니, 에이, 그냥 초이라고 불러." "오, 초이!" 내 성을 제대로 발음하는 친구들이 없다. 오클라호마에서 왔다는 트램프가 말한다. "우리 지역엔 산이 없고 평지야. 나는 산이 좋아. 캐나다까지 갈 거야."

——— PCT의 명물 독수리 바위를 놓칠 뻔

포장도로를 건너 야트막한 언덕을 오르자 딴 세상에 온 듯한 풍경이 펼쳐진다. 숲은 사라지고 드넓은 평원이 끝 간 데 없다. 저 너른 평원에 길은 오직 한 줄로 그어져 있다. 안개가 풍경을 살짝 감춰 몽환적 분위기다. 길엔 흔한 돌멩이 하나 없어 솜 위를 걷는 듯 폭신하다.

길은 직선을 배제한 채 S자로 유연하게 틀어진다. 이 너른 들판에 오직 나 혼자만이 걷고 있다. 길은 기대를 저버리지 않고 완만하게 휘어져 지루하지 않다. 다만, 길 위에 혼자 있음에 한편에선 고독이, 다른 한편에선 외로움이 몰려온다. 나는 이 너른 들판에 멈춰선 채 고독과 외로움 사이에서 잠시 방황한다.

원시림 같은 숲길이 펼쳐져 있다. 저 나무와 풀, 길과 나는 이질감 없는 한 무리가 돼 호흡한다. 내 몸과 마음 또한 저절로 맑아진다. 비가 와서인지 숲길 옆 개울엔 물이 불어 흐르고, 그 개울들이 모여 내를 이루며 더 넓은 곳으로 흐른다. 흐르는 물소리가 매우 정겹다. 무릇 개울엔 물 흐르는 소리가 있어야 그 풍경이 완성된다. 여전히 바람이 세고 가는 빗줄기가 빗금을 긋는다.

워너 스프링스(Warner Springs) 우체국에서 짐을 찾고 바로 옆 조그만 미술관에 들어갔다. 1969년에 독일에서 이민 왔다는 73세 헤니 데크만 아주머니가 미술관에 대해 대략 설명을 해 주더니, 독수리 바위(Eagle Rock) 사진을 보여 주며 내게 묻는다. "이 마을의 명물인 독수리 바위를 봤어?" "못 봤습니다." "여기에서 3마일 떨어진 곳에 있는데…." 어제 길을 걷다가 본 남녀 하이커들이 어느 지점에서 보이질 않아 이상하다 싶었는데 바로 저 바위를 보러 간 모양이었다. 아주머니께 인사하고 물, 과자, 카메라를 들고는 앞만 보고 냅다 달렸다.

50분 만에 독수리 바위 앞에 섰다. PCT 길에서 약간 떨어져 있고 더군다나 뒤로 돌아 있는 형상이어서 위치를 알지 못하는 한 저 바위를 볼 수 없다. 열심히 카메라에 담았다. 돌아와서는 데크만 아주머니께 감사의 인사를 여러 번 했다. 당신이 아니었다면 명물을 못 볼 뻔했다고, 고맙다고. 아주머니는 큰 잔으로 커피까지 타 주셨다. 아주머니와 페이스북 주소를 주고받았다.

'건강하게 오래 사세요, 누님!'

아뿔싸, 숙소에 옷을 놔두고 오다

초원을 걷는다. 젖소들이 밤새 이슬을 머금은 싱싱한 풀을 뜯으며 일찌감치 아침 식사를 한다. 장난기가 발동해 소들을 향해 점잖게 소 울음소리를 냈다. "음메~, 음메~" 소들의 시선이 모두 나를 향한다. 고개를 쳐들더니 모두 한 걸음 한 걸음씩 내게 오고 있다. 일 분도 채 지나지 않아 수십 마리 소떼가 나를 향해 뛰어온다. 우르르 뛰는 모양이 마치 목장의 소떼가 이동하는 형국이다.

'앗! 뜨거라' 싶어 도망을 치기 시작했다. 저들의 뿔에 한 번이라도 받히게 되면 황천길로 직행이다. '다리야 날 살려라'며 발이 보이지 않을 만큼 빠른 속도로 뛰었다. 다행히 녀석들이 나와는 다른 방향으로 진행한다. 삽시간에 야트막한 구릉 너머로 사라진다. 나를 쫓아온 게 아니었나?

한참을 걷다가 생각해 보니, 아뿔싸, 숙소에 내 옷가지를 놓고 왔다. 바지, 티셔츠, 팬티 2장. 그냥 갈 수는 없다. 어떻게 하면 놓고 온 내 옷가지들을 찾을 수 있을까? 데크만 아주머니와 페이스북 주소를 주고받았으니 어떻게든 해결할 수 있으리라.

74번 하이웨이를 만난다. 이곳에서 도로 서쪽으로 1km쯤 이동해 음식이 맛있다는 패러다이스 밸리 카페(Paradise Valley Cafe)로 갔다. 아쉽게도 입구에 3월 29일까지 문을 닫는다는 안내문이 붙었다. 이틀 전에 만난 길동무들도 이곳에 왔다. 카페 발코니에 텐트를 친다. 오늘 밤부터 눈이 내린다는 친구들의 말에 내일 운행을 해야 할지 말지 고민이다.

아침부터 눈발이 커지더니 폭설이 내린다. 갑자기 날이 환해지더니 하늘이 뻥 뚫리며 태양이 비친다. 순식간에 상황이 바뀌더니 이내 어두컴컴해지면서 또 눈이 내린다. 느닷없이 백석의 시 「나와 나타샤와 흰 당나귀」가 떠오르는 이유는 뭘까? "오늘 아침엔 눈이 푹푹 날이고 나는 혼자 쓸쓸이 커다란 배낭을 메고 저 아이딜와일드(Idyllwild) 가는 길은 멀고." 이러니저러니 하며 맥락 없이 읊고 있다. 봄기운이 무르익어야 할 시기에 폭설이라니.

다행히 해가 나고 날은 쨍쨍하다. 가야 할 앞쪽 산봉우리엔 모두 흰 눈을 머리에 이고 있다. 사방이 탁 트인 기가 막힌 전망대에서 멋진 설경들을 카메라에 담았다.

밤새 내린 폭설에 한숨도 못 자고 하산

해발 2천 미터쯤 되는 산마루 적당한 곳에 자리를 잡았다. 짐을 챙겨 출발을 하려니 폭설이 내린다. 내리는 눈의 양이 점점 많아지며 길을 덮어 버린다. 다시 텐트를 치고 눈이 멎기만을 기다리는데 갤 기미가 없다. 2일 치 식량과 1리터의 물이 있으니 하루쯤 운행을 멈춰도 문제가 없을 테지만, 눈이 많이 쌓일 경우 운행에 큰 지장을 초래할 텐데 걱정이 앞선다. 이틀 안으로 아이딜와일드에 가 휴식을 취하고 또 식량을 마련해야 한다. 눈은 맹렬하게 땅을 덮는다. 하늘 한쪽에 구멍이 나 내가 있는 지역으로 내리 쏟아붓는 듯하다.

오후 들어서 며칠 전에 만난 중국인 친구 꿍취엔과 낯모르는 미국인 여성이 내 주변에서 쉬어 갈 듯 서둘러 텐트를 치고 있다. 이어서 여성 2명이 더 텐트를 친다. 눈은 푹푹 날리고 나는 이름 모를 두 나타샤를 위해 텐트 치는 데 도움을 주었다. 일행이 생겼으니 그나마 다행이다. 폭설로 인해 고립이 된다손 치더라도 위험에 빠질 리는 없겠다 싶다.

오후부터 바람이 가세한다. 보통의 바람이 아니다. 지상에 있는 모든 물건들을 깡그리 날려 버리려는 듯 어마어마한 기세로 텐트를 때린다. 흡사 히말라야 산허리 어느 지점에서 비박을 하는 기분이다. 공중을 나는 바람 소리가 이렇게 두려운 존재로 다가올 줄은 꿈에도 몰

랐다. 무시무시한 기세로 부는 바람 소리에 거의 뜬눈으로 밤을 보냈다. 꿍취엔의 텐트가 부실해 보이던데 강풍에 안전했을까? 아니나 다를까, 그의 텐트 덮개가 간밤에 날아가 버렸다. 허탈한 그의 표정에 어깨를 두드려 주었다.

꿍취엔과 나도 탈출하기로 했다. 부지런히 걸어 포장도로에 진입하니 오전 11시. 먼저 내려갔던 코니가 승용차 앞에 서서 날 기다리고 있다. 아마 차량 운전자에게 내 얘기를 한 모양이다. 어제 오후 코니가 텐트를 설치할 때 내가 도움을 주었고 그녀는 그 보답으로 나를 위해 차를 잡아 주었으리라. 선은 또 다른 선을 낳기 마련이다. 아이딜와일드 시내에서 의류 판매를 한다는 크리스티(Christy) 아주머니의 차를 얻어 타고 간다.

아이딜와일드에서 달콤한 휴식을

아이딜와일드에서 이틀을 보냈다. 이 지역은 해발 약 1,630m로 샌하신토산(San Jacinto, 해발 3,296m)을 끼고 있는 휴양지이자 트레킹과 암벽 등반을 즐길 수 있는 곳이다. 한때 미국 최고 예술 마을 중 하나라는 칭송을 받은 마을이어서 그런지 건물들마다 예술적 풍취가 물씬 풍긴다.

하지만 코로나19는 휴양지라고 해서 피해 가질 않는다. 여파가 여기까지 미친다. 음식점이나 숙소는 이미 폐쇄된 곳이 많다. 마트 등엔 마스크 없이 출입할 수가 없다. 아내가 문자를 보냈다. "여보, 빨리 귀국해. 지금 귀국하지 않으면 더 나쁜 상황으로 변할 수 있어." 하

장비점 직원들

지만 그럴 순 없다. 채 한 달도 되지 않았는데 돌아갈 수는 없다. 조금 더 가 보고 판단하겠다고 문자를 보냈다.

이틀 동안 충분히 휴식을 취했고 5일 치 식량을 준비했다. 숙소 인근에 있는 장비점에 가 이소 가스와 MSR 스토브를 샀다. 이 장비점엔 하이커들의 이동을 위해 승용차로 수송을 해 주는 트레일 엔젤 명단이 있다. 그럼피(Grumpy)라는 분이 토요일에 시간이 된다고 했다. 꿍취엔도 같이 출발하잔다.

이건 하이킹이 아니라 동계 산악 훈련

숙소에서 그럼피가 운전하는 차를 얻어 타고 크리스티가 날 태운 지점 도로까지 이동했다. 약 2시간을 올라 3일 전에 탈출했던 스피틀러 피크에 오르니 길동무들이 6명이나 쉬고 있다. 날은 완전히 개고 하늘은 구름 한 점 없이 청명하다. 눈도 제법 녹았다. 운행하기 좋은 날씨다. 해발이 계속 높아지면서 눈이 녹지 않아 발이 푹푹 빠진다. 7시간 이상 눈을 밟았다. 추락하면 제법 다칠 만한 곳엔 자일이 걸려 있다. 해발 2,500m쯤 되는 곳에서 야영을 했다. 미국인 수(Sue)의 텐트는 바닥 부분이 휑하니 열려 있어, 그 틈새를 나무나 돌로 막느라 고생을 한다. 나무토막과 돌을 날라다 주었다.

함께 야영을 한 친구들. 오른쪽 여성이 수

해발이 높은 지역이다 보니 텐트 안 물통이 얼었다. 동이 트기 전이지만 여기저기서 스토브의 열 올라오는 소리가 쉴 새 없이 들린다. 주변엔 아침을 지어 먹느라 부산하다. 해가 뜨니 날이 맑다. 눈 때문에 걸음이 더뎠지만 20km쯤 걸었다. 샌 하신토산 정상으로 향하는 삼거리를 지난다. 이곳에서 2시간쯤 오르면 산 정상에 닿는다. 하지만 경사가 심하고 러셀이 안 돼 있어 정상 가기를 포기했다. 오늘은 오르내리막이 많아 넙다리네갈래근 피로가 심하다. 알파인 스틱에 의존을 많이 해 위팔두갈래근도 당기고. 함께 걸었던 꿍취엔과 수는 보이질 않는다.

밤새 눈이 왔다. 해발 2,500m인지라 추위는 여전하다. 눈은 소리 없이 내리며 쌓인다. 무거운 짐을 지고 능선을 오르내리며 텐트를 치고 그 안에서 음식을 해 먹고, 아침엔 다시 눈 속에서 장비를 걷고 하는 일련의 행동들이 겨울철 산악 훈련과 다름없었다.

텐트 모퉁이 부근이 예리하게 찢어져 있다. 2cm 이내긴 하지만, 앞으로 텐트를 치고 걷고를 무수히 반복할 텐데 걱정이다. 바늘구멍으로 황소바람이 들어온다고 하지 않던가! 눈은 계속 내리고 바람의 기세도 만만찮다. 폭설, 눈보라, 영하의 기온, 러셀 등은 모두 걷기를 어렵게 만드는 요소들이다. 옆에서 야영을 했던 제이콥과 조 일행이 출발하면서 내 안위를 묻는다. "초이, 괜찮아?" "응, 괜찮아. 고마워!"

앞서 가던 길동무 4명이 멈춘다. "Break!" 아마도 눈 때문에 길이 덮여 길을 찾을 수 없다는 뜻이리라. 눈밭을 완전히 벗어나 길동무들과 작별을 한 후 거의 달리다시피 걷는다. 오늘 목적지인 Interstate 10(하이웨이를 지나는 다리)까지 가려면 뛰는 수밖에 없다. PCT 200마일 표지석을 지나자 길은 지그재그 형상이다.

해발이 점점 낮아지면서 길이 평탄해 발걸음을 재촉할 수 있었다. 하이커들을 위한 물 보급 시설인 듯 수도꼭지(Water Faucet)가 있다. 1리터나 마셨다. 스노 크릭(Snow Creek, 'Creek'은 작은 강을 뜻한다) 마을을 지나 초원길을 걷다 보니 해가 노루 꼬리만 해지고 이내 땅거미가 진다. 고속도로를 달리는 차들의 헤드라이트 불빛이 더욱 선명해지며 오늘 목적지에 점점 더 다가가고 있다. 밤 9시 조금 못 돼 운행을 멈췄다. 종일 11시간을 걸었더니 피로가 쌓여 더 이상 갈 수가 없다. 야트막한 둑 아래 잠자리를 마련했다.

평지 모래바닥이어서 두 다리 쭉 뻗고 편하게 눕는다. 날이 푸근해 모처럼 깊은 잠을 잘 수 있었다. 하늘을 날아다니거나, 수백 미터 길이의 강을 헤엄쳐 단 몇 초 만에 건너는 이상한 꿈을 꾸곤 했는데, 울타리 밑의 개꿈이라고 모두 현실과 동떨어진 일들이었다.

마음의 짐들을 비울 수 있을는지

고속도로 다리 밑에 가니 하이커 박스에 캔 맥주가 놓여 있다. 이런 상황도 일종의 트레일 매직이 아닐 수 없다. 하이커들이나 또는 지나가는 이들이 남겨 놓았다. 맥주 한 캔에 사흘 동안의 고생이 눈 녹듯 사라진다. 잠시 쉬며 생각한다. 내가 지고 다니는 물리적·정신적 무게는 얼마나 될까? 마음의 짐을 평생 지니고 살지는 않을까? 숙소에 놓고 온 옷가지 하나에도 집착하고 있는 내가 마음의 짐을 쉽사리 놓을 수 있을까? 훨훨 털고 새털처럼 가벼이 생을 즐길 수 있기보단 여전히 내게 들러붙은 마음의 짐이 내 몸 구석구석에 박혀 있지는 않을까? 미국에 오기 전, 난 충현 형님에게 이런 말을 했다. "형님, PCT 길을 걸으며 마음의 짐들을 모두 비워서 가볍게 돌아올 수 있으면 좋겠어요."

길은 고속도로 다리 밑을 지나 평원으로 이어진다. 고속도로엔 대형 화물차들이 끊임없이 오고 간다. 땅덩어리가 원체 큰 나라여서 물류 이동 규모가 엄청나다. 도대체 이 나라의 하루 물동량은 얼마나 될까? 쓸데없는 계산에 머리만 복잡해진다. 물이 부족하다. 민가에 가 도움을 청하려 대문 앞에서 인기척을 해도 당최 응답조차 없다. 우연히 발견한 캠핑카에 사람이 있는 듯해 사정을 하니 서슴지 않고 3리터짜리 물통을 통째로 준다.

사위는 고요하고 바람과 내 발걸음 소리만

이제 눈을 씻고 찾아도 인가는 보이지 않고 오직 길뿐이다. 사위는 고요하고 바람 소리와 내 발걸음 소리만 규칙적으로 들린다. 이따금씩 나타나는 PCT 표지판만이 가는 방향이 올바르다는 사실을 알려줄 뿐이다. 커다란 규모의 계곡 입구에 방문자 센터(Visitor Centre)가 있다. 표지판엔 내가 발걸음을 멈춰야 할 목적지까지의 거리가 선명하게 쓰여 있다. 캐나다까지 2,444.9마일, 앞으로 걸어야 할 길이 무려 3,933km. 지금까지 걸은 거리는 351km. 가야 할 길은 지금까지 걸었던 거리의 11배가 넘는다. 과연 목적지까지 안전하게 걸을 수 있을까?

PCT를 걷는 하이커가 단 한 사람도 없다. 주변에 고락을 함께하는 길동무들이 없으니 왠지 허전하다. 산마루에 오르니 서쪽으로 산군들이 끝없이 펼쳐져 있다. 대자연의 장엄함이 한껏 드러나고 난 그 어마어마한 파노라마 앞에선 미약한 존재임을 깨닫는다. 도대체 내가 왜 여기에 있고 난 왜 걷는가?

해가 서산으로 넘어가기 전 잠자리를 마련한다. 내일은 해발 1,200m까지 올라야 하기에 많이 먹고 일찌감치 출발해야 한다. 모레 오후쯤엔 빅 베어 시티(Big Bear City)까지 가야 하므로 유유자적할 수가 없다. 기계적으로 일정한 속도로 끊임없이 걷는 수밖에 없다.

PCT에 도전하려는 하이커들을 위한 도움의 말을 전하고 싶다. Interstate 10(하이웨이를 지나는 다리 밑) 인근 민가에서 반드시 물 4리터 이상을 준비해야 한다. 이후 길을 걷다 보면 개울이 말라서 물을 보충할 수가 없기 때문이다. 물을 준비하지 못할 경우 아주 난처한 처지에 놓일 수 있다.

내 걸음을 방해하는 눈과 아내, 천만에

여전히 길에 대한 설렘이 커 지루하지 않다. 깨끗한 물이 흐르는 커다란 내를 만난다. 휴대용 정수기로 물을 거른다. 길은 계곡으로 끝없이 이어져 있다. 중간중간 길을 잃고 잠시 당황한다. 곳곳에 길이

유실되어 끊겼다. 다시 되돌아가 길을 찾다 보니 걸음이 몹시 더디다. PCT 길을 안내하는 앱(Guthook's PCT GUIDE)만 잘 봐도 길을 잃지 않을 텐데 감각으로만 판단하다 보니 자꾸 엇갈린다. 누굴 탓하랴.

이틀 만에 길동무를 만났다. 알리와 스티브, 두 사람 모두 푸릇푸릇한 청춘들이다. 캐나다까지 간다 했다. 둘은 웃고 찧고 까분다. 푸른 청춘들이니 하는 행동들이 얼마나 맑고 순수하랴! 이들과 앞서거니 뒤서거니 지그재그 산길을 오른다. 능선에서 쉬고 있던 청춘들에게 말을 걸었다. "이토록 아름다운 길을 만든 사람들을 진심으로 존경한다. 그 표시로 집에 돌아가면 PCT협회에 기부라도 하겠다." 내 이름을 말했더니 여성인 알리가 제대로 발음을 한다. 자기 수첩에 내 이름을 써 달라기에 한글과 영어로 써 주었다.

해발 2,500m쯤에서 야영을 했다. 어찌나 추운지 속내의에다가 티셔츠, 경량 재킷에 방풍 우의를 입고, 바라클라바도 쓰고, 양말까지 신었음에도 추위가 살을 엔다. 해발이 높은 산이지만 전화 통화가 된다. 아내는 내게 "미국 코로나 확진자가 이탈리아에 이어 2위래. 학교에선 온라인 수업을 하고, 제주도엔 코로나 확진자가 여행을 한 대." 등등 모두 코로나19에 관한 얘기를 한다. 아내는 내게 어떤 메시지라도 주려는 듯하다. 더 이상 방황하지 말고 빨리 집으로 돌아오라는 뭐 그런 메시지. '천만에, 난 안 돌아간다. 어떻게 해서 여기까지 왔는데. 여보, 내가 황소고집인 줄 알잖아.'

길엔 50cm쯤 눈이 쌓여 있다. 앞서간 이의 발자국을 따라 발을 디디며 걷는데도 거리는 좀체 줄어들질 않는다. 온몸을 움직이며 걸어야 하기에 체력도 많이 소모된다. 눈에 들어간 발을 빼내려면 그만큼 발을 높이 들어야 하고 알파인 스틱도 마찬가지다. 깊이 박히면 빼내려 용을 써야 한다. 오르내리막이 많은 데다가 눈에 푹푹 빠진다. 추위, 더딘 걸음, 심한 오르내림, 발이 젖고, 체력 소모 크고, 하나부터 열까지 장벽이었다. 드디어 내 입에서 육두문자가 쏟아져 나온다.

쿤 크릭 캐빈(Coon Creek Cabin) 앞에 물통이 많다. 인근 마을에 있는 천사들이 가져다 놓았으리라. 덕분에 내일 아침까지 필요한 물을 넉넉히 준비했다. 오늘 운행 중 최고 높이 2,664m를 넘는다. 눈은 여전히 내 걸음을 방해한다.

해가 서산으로 떨어질 무렵 조그만 개울 옆에 잠자리를 마련한다.

하이커들에겐 제일 반가운 물

이곳도 해발 2,000m가 넘는 곳이라 추위가 여전하다. 침낭이 부실함을 여실히 느낀다. 캘리포니아 남부 고산 지대의 기후를 제대로 파악하지 못한 탓이다.

침낭 아래쪽을 배낭 안에 넣고 침낭 속으로 들어가니 허리 아래 부분이나마 추위가 한결 덜하다. 열악한 환경에서 발휘하는 야영의 지혜다. 오늘은 하이커를 한 사람도 만나지 못했다. 알리와 스티브는 어디쯤 있을까?

초라한 식사와 화려한 자연의 합창

식량이 동이 나 초라한 아침 식사를 한다. 코코아를 끓이고 비스킷 한 봉지와 마늘 육포를 코코아에 넣은 다음 다시 한소끔 끓여 허기를 채운다. 텐트 옆에서 흐르는 개울 물소리가 정겹다. 우듬지에서 들려오는 청아한 새소리가 물 흐르는 소리와 합쳐져 자연의 교향곡으로 들린다. 초라한 식사지만 저들의 합창에 위안을 받는다. 개울물이 흐르며 자갈을 만나 서로 안부를 묻는다. "잘 있었니? 자갈아!" "그래 개울물아, 먼 길 잘 가. 숲속 깨끗한 공기를 맘껏 머금고 멈추지 말고 넓은 세상으로 나가. 흘러가야 하는 게 너의 숙명이잖아. 잘 가서 큰 물을 만나."

내가 걷는 이 길도 내겐 숙명이런가? 인간은 떠나야만 하는 숙명적 존재라고 하지만, 그게 운명이든 숙명이든 여하튼 난 떠나왔고 그래서 걸어야 한다. 사람의 인생길이야 어쨌든 숙명이라고 할 수 있지만, 난 세상에 난 길을 운명적으로 걸어야 한다. 어디서 끝나건 또다시 떠나서 걸어야 한다. 지도상의 물리적인 길도, 마음속 공간적인 길도, 흐름이란 시간적인 길도 모두 내겐 떠나야 할 길이다. 쉴 때마다 배낭을 내려놓기가 불편해, 허리 높이의 바위에 배낭을 내리고 알파인 스틱으로 중심을 잡아 괸다. 지게 작대기로 지게를 괴는 원리다. 배낭을 내려놓거나 다시 멜 때 아주 편하다. 걸으며 하나하나 지혜를 배운다.

　야트막한 능선에서 자연에서 노니는 조랑말 세 마리가 나를 뚫어지게 쳐다보고 있다. 그건 낯선 종에 대한 호기심의 눈빛이 아닌, 두 다리로 걷는 짐승에 대한 경계의 시선이리라. 녀석들에게 관심을 두지 않으려 딴 데를 보며 걷다가 뒤를 돌아보니 꼼짝하지 않은 채 나를 지켜보고 있다. 여차하면 튈 모양새다.

　녀석들에게 부드러운 소리로 말을 전했다. "얘들아, 나는 너희들을 해코지할 사람이 아니야. 나도 너희들이 살아가는 자연 속에서 그저 끝없이 걷고 싶은, 너희들과 동시대를 살아가는 인간이라는 하나의 종(種)일 뿐이야. 그러니 두려워할 필요 없어. 잘 지내렴."

함께 걸을 길동무가 생기다

18번 하이웨이에 도착했다. 히치하이킹을 통해 쉬어갈 빅 베어 시티(Big Bear City)로 갔다. 마켓에서 피자 한 조각, 치즈, 구운 연어, 캔 맥주를 사고 계산을 하려는데, 아이딜와일드 숙소에서 만났던 짐(Jim)이 알은체를 한다. 어제 시내에 왔는데 숙소가 없어 트레일 엔젤의 집에서 잤다고 한다. 바로 PCT로 복귀한단다. 나는 너무 피곤해 시내에서 이틀쯤 쉬다 가고 싶다 했는데 짐이 말한다. "숙소는 모두 문을 닫았어." "그래? 좋아, 까짓것 가는 데까지 가 보자!"

차도를 걷다 보니 네이처스 인(Nature's Inn) 숙소가 보여 마음이 흔들린다. 주인인 에드워드 스태닉(Edward Stanik)에게 사정을 한다. "내가 지금 몹시 지쳐서 쉬어야만 하는데, 여기서 묵게 해 주세요." "방이 없어요. 모두 장기 투숙객들입니다." 그러면서 스태닉이 누군가에게 전화를 해 도움을 줄 수 있느냐고 묻는다. 통화 내용을 들어 보니 이 지역에서 묵기는 애저녁에 글렀다. 잠깐 상심을 하고는 이내 결정했다. '걷자, 죽기라도 하겠는가.'

내 상심을 알았는지 스태닉 씨가 18번 하이웨이까지 차로 데려다주겠단다. 짐을 만나 함께 차를 얻어 타고 몇 시간 전에 내려왔던 PCT로 다시 복귀를 했다. 시내에서 있던 시간은 고작 3시간쯤. 짐과 기념사진을 한 컷 찍는다. 이젠 짐과 함께 PCT 길을 걸으려 한다. 앞으로 얼마나 함께 있게 될지, 그와는 또 어떤 추억거리를 만들게 될지. PCT 22일째 걷는 날, 라이트우드(Wrightwood)를 향해 짐과 함께 걷기 시작한다. 이제 진짜 길동무가 생겼다.

짐에게도 역마살이

짐과 걷기 시작한 지 1시간 지나 Doble PCT Trail Camp에 도착해 오늘 운행을 마친다. 잠자리를 마련한 후 저녁을 지어 먹기 전, 마트에서 산 연어를 구워 짐에게 먼저 권했다. 집어 먹기 좋게 큼직큼직하게 썰어 놓았으나, 짐은 그놈을 다시 조그맣게 잘라 딱 한 점만을 집었다.

자연스럽게 이야기를 주고받는다. 그의 나이는 42살, 사는 곳은 미국 동부 매사추세츠 스토턴(Stoughton). 건축 리모델링 일을 하다가 PCT를 걷기 위해 다니던 직장에 사표를 던졌다고 했다. 2년 후에는 배낭을 메고 혼자 남미를 여행하고 싶단다. 미혼이며 결혼에 그다지 관심이 없다고. 모르긴 몰라도 짐에게도 나처럼 역마살이 다분히 있는 듯했다.

아내에게 전화를 걸어 이곳 빅 베어 시티 상황을 알렸더니, 바로 돌아오란다. 아내는, 특히 PCT협회에서도 현재 운행 중인 하이커들에게 '코로나19 예방을 위한 사회적 책임을 다해 달라'는 권고를 하며 집으로 돌아가라고 했다고 전했다. 아내의 말에 심각성을 느꼈지만, 주로 산속에서 지내며 사람들과의 접촉이 거의 없는 내 상황상 조금 더 두고 봐야겠다 싶었다.

해발 2천 미터가 넘다 보니 여전히 춥다. 멀리서 개 짖는 소리, 일찍감치 아침 식사 중인 딱따구리 소리, 자동차 지나다니는 소리가 묘하게도 협주곡을 이룬다. 이른 아침 숲속 풍경이다. 길은 빅 베어 시티와 그 옆 빅 베어 호수를 왼쪽에 두고 계속 서쪽으로 이어진다. 날이 맑고 푸근해 녹은 눈으로 길은 질퍽거린다. 흥미로운 점을 하나 발견했다. 길을 걷기 시작한 이후 코딱지와 눈곱이 전혀 생기지 않았다. 푸른 숲이 주는 선물이다. 숲에서 불어오는 산들바람이 살포시 내 살갗을 어루만지고 있다.

8일 동안 눈밭을 걷다

짐은 덩치가 크고 보폭이 넓어 내가 그를 따라가기엔 역부족이다. 그는 삼거리가 나올 때마다 눈밭에 화살표를 그려 내가 갈 길의 방향을 잡아 준다. 조그만 체구의 동양인이 그 먼 길을 걷는다고 자기가 할 수 있는 도움을 주고 있다. 봄볕이 따사롭게 눈 위에 내려앉아 눈을 녹이고 있다. 하늘엔 폭풍우가 몰아치는 듯한 바람 소리가 멈추질 않는다.

리틀 베어 스프링스 캠프(Little Bear Springs Camp)를 지나서부터는 내리막이라 시속 4km로 걸었다. 녹초가 될 무렵 짐이 말한다. "0.8 마일만 더 가면 좋은 텐트 사이트가 있으니 오늘은 거기서 야영을 하자." 오늘 하루에 40km를 걸었다. 스스로도 기특했는지 짐은 웃으면서 믿기지 않는다는 표시로 고개를 좌우로 흔든다. 해발이 계속 낮아지니 눈의 흔적이 없다.

밤이 되니 상황은 반전, 밤새 추위에 떨었다. 배낭 속에 있는 두 겹 김장용 비닐 안에 침낭을 넣어 무릎 아래나마 추위를 막았다. 그나마 눈밭을 벗어났다 생각하니 한시름 놓게 된다. 8일 동안을 눈밭에서 뒹굴었다. 무릎까지 빠지는 눈을 다시 만날까 솔직히 두렵다. 체력 소모와 추위가 큰 적이었다.

거의 강 수준의 큰 계곡에 콘크리트 다리가 놓여 있다. 봄 소풍을 나온 듯 유치원 꼬마들이 강에 돌을 던지며 사진을 찍는다. 300마일 표지석을 만났다. 기온은 거의 한여름 수준으로 올라가니 그늘을 찾게 된다. 몇 시간 전까지만 해도 추위에 떨었는데 벌써 그늘을 찾는다니. 짐이 먹는 행동식을 유심히 관찰했다. 다섯 가지 종류의 참치 팩에 치즈를 잘라 넣어 먹는다. 이네들이 먹는 방식을 따라 할 필요가 있다. 여러 가지 방식의 먹을거리는 균형 잡힌 영양과 먹는 즐거움을 준다.

307.9마일 지점에 Deep Creek Hot Springs(땅속에서 뜨거운 물이 솟아오르는 샘)가 보인다. 짐이 설명을 하며 물에 손을 담그고, 내게도 해 보라 한다. 따뜻한 물이다. 온천하기 좋은 온도지만, 규모가 작아 발만 담글 수 있다. 계곡이 계속 내리막이어서 4시간 이상 힘들이지 않고 제법 먼 거리를 걸었다. 앞서가던 짐이 되돌아온다. 무릎까지 빠지는 진흙밭이고 길은 아니라고 한다. 큰 냇가 옆에 잠자리를 마련했다.

눈 때문에 플랜 B를 생각하다

식사를 마치고 나서 짐이 말한다. "나는 케네디 메도우즈까지 가서, 집으로 돌아갈 생각이야. 크램폰, 아이스 피켈, 겨울 등산화를 준비해 2주 후에 다시 케네디 메도우즈로 복귀해 PCT를 계속 걸을 계획이야." 나도 말했다. "난 마이크로 스파이크(아이젠을 이렇게 부른다)만 있어. 만약 케네디 메도우즈부터 눈이 쌓여 있다면, 점프해서 워싱턴으로 가서 완주한 후, 다시 돌아와 시에라(Sierra: 중부 캘리포니아) 구간을 운행할 계획이야. 또는 아구아 둘쎄(Agua Dulce: 스페인어로 '달달한 물'이란 뜻)에서부터는 시에라의 눈이 녹을 때까지 느릿느릿 걸을 생각도 해."

상황이 어떻게 되는지 모르지만 짐의 이야기를 종합해 보면 북쪽으로 올라갈수록 눈이 많이 쌓여 있고, 4월~5월에도 폭설이 내린다. 걱정이 앞선다. 더군다나 코로나 역병이 어떻게 전개될지도 모르는 상황이라 내 염려는 더 크다.

처음으로 큰 개울을 건넌다. PCT 길이 개울을 건너 이어진다. 발을 얼릴 만큼 차다. 짐이 먼저 건넌다. 멀리 흰 눈을 머리에 이고 있는 높은 산이 보이는데 짐은 '저 산이 산 안토니오(San Antonio)이며 저 방향으로 가야 한다.'고 한다. 9천 피트가 넘고 사흘 정도 걸린다니 고생할 일이 생기겠구나 싶었다. 하지만 어차피 넘어야 할 산이요 고개다. 사흘 동안 기온이 내리 30도 이상 올라 산을 덮은 눈이 모두 녹아내리면 좋겠다는 허무맹랑한 생각을 했다.

첩첩산중에서 피자와 맥주를

하이웨이를 끼고 산허리를 걸으며 농촌 마을을 지난다. 초원엔 젖소들이 따사로운 햇볕 아래 한가로이 풀을 뜯으며 나른한 오전을 보내고 있다. 파란 하늘과 푸른 초원, 마을과 소가 시간을 멈추려는 듯 평화롭다. 공장 앞 나무 아래 그늘에 앉아 점심 겸 휴식을 취한다. 짐은 뭘 끓여 먹더니, 나무에 기댄 채 이어폰을 꽂고 머리를 이리저리 흔들며 음악을 듣는다. 여유 있는 모습이 보기 좋다. 짐이 내게 참치 팩 3개를 보여 주며 하나를 고르라 한다. 참치와 Clif Bar를 함께 먹으니 달달한 맛과 신맛이 잘 어우러진다. 하기야 어느 음식을 먹은들 맛이 없으랴! 다음에 음식물을 준비할 때 참치 팩 추가다.

인공 호수인 실버우드 호수(Silverwood Lake) 주위로 길이 이어진다. 1시간 반 이상 호수를 보며 걷는다. 몇몇 가족들이 여기저기에서 때 이른 물놀이를 즐기고 있다. 보트 시설이 있는 걸 보니 이 호수는 휴양지처럼 보인다. 수면은 작은 물결들이 흔들리며 윤슬[1]로 빛나고 있었다. 물빛은 파랑이 아닌 비취색과 옅은 에메랄드색을 잘 섞어 놓은 듯했다.

클래그혼 피크닉 지역(Cleghorn Picnic Area)에서 묵기로 했다. 자전거 라이더들이 쉬어 가는 곳이다. 볕이 좋아 양말과 옷가지를 빨아 널었다. 짐이 어디에다 전화를 한다. 피자 큰 놈과 맥주를 주문했단다. 세상에! 첩첩산중에서 피자와 맥주를 먹을 수 있다니 놀랍다. 배달로 치자면 배달의 민족을 따라올 수 있는 나라가 있을까 싶었는데 미국도 만만하게 볼 상대가 아니다. 다크호스다. 마중을 나간 짐이 대형 피자와 캔 버드와이저 5통을 들고 온다. 입에 착착 감긴다. 먹는 시간만큼은 쾌락 그 자체다.

어머니께 전화해 지금껏 잘 걷고 있으니 염려 마시라 했다. 암과

---

1 윤슬: 햇빛이나 달빛에 비치어 반짝이는 잔물결.

싸움을 벌이고 있는 친구에게도 전화를 걸어 내 발걸음이 극복의 동력이 될 수 있으면 좋겠다고 하니 친구는 "병을 이겨 내고 산티아고 순례길을 걷고 싶어."라고 했다. 병마에 의연하게 대처하며 강한 의지를 보이고 있는 친구와 산티아고 순례길을 걷는 희망을 품는다.

난생처음 보는 이구아나 같은 도마뱀

3월 마지막 날. 사실상 공무원 생활에 종지부를 찍는 날이다. 제출한 명퇴 서류가 제대로 접수가 됐는지도 궁금하다. 내일부터 난 그 어떤 구속에도 얽매이지 않은 자유인이 된다. 점심때쯤 15번 바스토우 프리웨이를 지난다. 맥도널드와 편의점이 있어 햄버거와 콜라를 먹을 수 있다. 길은 계속 내리막이어서 속도가 빠르다.

오후 1시쯤 편의점에 들러 이틀 치 식량을 준비했고 옆 맥도널드에 가 6개 세트 햄버거와 콜라를 사 먹는다. 어제 그토록 맛있게 먹었던 피자는 축에도 들지 못할 만큼 기가 막히다. 음식 앞에 이렇게 간사한 내 입맛이라니! 휴식을 취하고 있는데 자동차 지나다니는 소리가 그야말로 소음이다. 매일 풀벌레 노랫소리, 새들의 지저귐, 바람에 흔들리는 나뭇가지 소리, 개울물 소리, 하늘로 흐르는 바람 소리 등 온갖 자연의 소리만을 듣다가 만난 문명의 소리는 소음이었다.

이 녀석의 이름은 Horny Toad

4,318km 꿈의 트레일

앞서가던 짐이 갑자기 빨리 와서 보라며 손짓을 한다. 난생처음 보는 녀석이다. 도롱뇽보다는 크고 등짝은 흡사 남미에 서식하는 이구아나를 닮았다. 온몸이 죄다 칼날 같은 무기다. 짐은 녀석의 이름을 모른단다. 녀석은 우리의 관심을 커다란 포유류 두 마리가 자기를 잡아먹기 위한 탐색으로 알았는지 꼼짝달싹하지 않은 채 숨죽이며 기회를 노리는 듯하다. 여차하면 자신이 가진 뾰족한 가시로 이 낯선 대형 포유류들을 사정없이 찔러 대기라도 할 듯.

물병이 가득 찬 하이커 박스 주변에 짐을 풀었다. 이틀 치 물 걱정은 없다.

──── 라이트우드에서 꿀맛 같은 휴식을

4월이다. 개나리와 진달래가 만개하는 시절이 아니던가. 하지만 우리나라보다 위도가 낮은 캘리포니아 남부 지역엔 아직도 눈이라니. 오늘은 해발 900m에서 2,640m까지 올라야 한다. 1,700m 고도 차이지만 길은 결코 가파르거나 험하지 않으며 지그재그로 완만하게 이어진다. 다만 멀기만 할 뿐. 짐이 카메라 렌즈를 옷소매로 닦기에 안경 닦이 헝겊을 줬다. "옷소매로 닦으면 렌즈가 상해!" 짐에게 점수를 조금 땄다.

해발이 높아지면서 눈이 점점 많아진다. 눈이 녹으며 신발 안으로 들어가고 신발은 물로 찌걱찌걱 소리를 낸다. 발가락이 시리다. 동상에 걸리지 않을까 저어된다. 3일 전에 보았던 흰 눈을 인 산이 코앞에 있다. 사흘 동안 매일 30km 이상씩 걸었으니 100km는 족히 온 셈이다. 지금 상황은 샌 하신토산을 넘을 때와 별반 다르지 않다.

저 눈들이 하루 이틀 만에 폭삭 녹아 버린다면 좋겠지만 자연의 이치가 어디 그런가. 그저 때가 되면 눈은 녹기 마련이고 길은 자연스럽게 드러날 테니. 뒤돌아보니 멀리 샌 하신토산이 까마득하게 보인다. 체력이 좋은 짐이 처음부터 끝까지 앞장을 서 눈 위에 발자국을 남긴다. 나는 그의 발자국을 따라 손쉽게 길을 걷는다.

드디어 라이트우드 시내로 내려가는 삼거리에 닿았다. 해발 2,513m다. 에콘 트레일 루트(Acorn Trail to Wrightwood)로 내려간다. '도토리 길'이란 이름이 매우 정겹다. 길옆엔 도토리를 열매로 갖는 참나무과(科) 나무들이 즐비하다. 급경사다. 눈이 무릎까지 찬다. 1시간 30분을 걸어 내려와 캐넌 크릭 인(Canon Creek Inn)에 짐을 풀었고, 짐이 전화로 숙박비 결제를 한다. 방 하나에 하루 20불. 전화 한 통으로 다 해결한다. 코로나 역병 시기에 이런 호사를 누린다.

숙소 인근 대형 마트(Jensen's Finest Foods)에 가 캔 맥주를 샀고, 인근 레스토랑에서 멕시코 음식을 테이크 아웃했다. 맥주를 마시며 짐이 말한다. "이틀 쉰 후 점핑을 할 거야. 신발이 부실하고 텐트도 추위에 약해 저 흰 산을 넘을 자신이 없어." 짐과 헤어져 3천 미터 가까운 눈산을 혼자 넘어야 한다고 생각하니 두려움과 외로움이 앞서며 갑자기 내 풀이 죽는다. 라이트우드의 첫날 밤이 조금은 을씨년스럽게 흐른다.

6일분의 식량을 준비했다. 도착 지점은 아구아 둘쎄. 그전까지는 상점도, 마트도, 스토어도 없다는 말을 짐이 한다. 앞으로 3일쯤 높은 지대를 넘으면 그곳까지는 무리가 없을 거란 얘기도 덧붙인다. 다행히 내일부터 맑은 날이 이어진다. 짐과는 PCT 길 어디쯤에서 꼭 다시 만나자고 했다. 말은 그렇게 했지만 까마득한 길 위 어느 지점에서 만나는 일이 말처럼 어디 그리 쉬울까?

바덴 포웰산에 오르다

짐과 작별 인사를 하고 산길로 향한다. 도토리 길을 따라 오른다. 길이 이틀 전과는 딴판이다. 그새 눈이 제법 녹았다. 등반 장비를 갖춘 두 친구들을 만났다. 잠시 휴식을 취하며 친구들과 이야길 나눈다. 안토니오산을 오른단다.

길은 눈으로 덮여 계속 앱을 확인하며 방향을 찾을 수밖에 없다. 경사 심한 곳이 많고 길을 잘못 들어 일일이 길을 찾다 보니 무척 애를 먹었다. 오후 6시 넘어서 엔젤 크레스트 하이웨이 주차장(Vincent

Gap)에 배낭을 풀었다. 10시간 30분 동안 21km를 걸었다. 눈길에 끊임없이 무릎까지 빠지는 통에 걸음은 더뎠고 체력은 두 배 이상 소모. 작업복 차림인 친구에게 물을 달라는 부탁을 했더니 흔쾌히 1.5리터의 물과 캔 맥주 한 개를 내민다.

맑은 날씨에 바람도 잔다. 자동차 소리에 나가 보니 한 친구가 산행 준비를 하고 있다. 친구의 이름은 셸리. 헬멧, 아이스 피켈, 라스포르티바 이중화, 크램폰 등 거의 빙벽 등반 수준이다. 셸리와 앞서거니 뒤서거니 눈밭을 오른다. 앞선 하이커가 없던 듯 길이 보이지 않아 치고 올라갔다. 가파른 경사로 몹시 힘들었다. 12시쯤 바덴 포웰산(Baden Powell, 2,864.8m) 정상에 올랐다.

다시 삼거리로 내려오니 셸리가 힘겹게 오른다. 그가 커다란 나무를 가리키며 말한다. "이 나무는 Wally Tree로 나이가 무려 1,500살이야." 모진 비와 눈바람에 시달렸을 테지만 꿋꿋하고 당당하게 서 있다.

그와 몇 마디 나누고는 난 다시 마루 길로 나선다. 500m쯤 경사면을 대각선으로 치고 나갔다. 휴대폰 앱을 보지 않고는 길을 찾을 수가 없다. 눈 처마 부근에서 빠지기도 하고 그늘진 곳으로 가다가 길을 잃고 돌아오기도 했다. 허벅지까지 빠지기는 부지기수. 날이 흐리기 시작하면서 눈가루까지 날린다. 점점 앞이 보이질 않는다. 도저히 더 이상 갈 수가 없다. 종일 걸은 거리는 12km.

평균 해발 2,400~2,600m. 운행 이후 지금껏 제일 높은 곳에서 야

1,500살 나이를 가진 나무

영을 한다. 경사면에 옹색하게 텐트를 치고 얼른 침낭을 편다. 시간이 지날수록 바람은 점점 세지고 더 추워진다. 눈을 녹여 저녁을 해 먹다가 물을 엎질렀고, 물을 담은 병을 넘어뜨려 텐트 바닥이 흥건하게 젖었다. 불행은 겹쳐서 온다더니 하나의 부주의가 또 다른 부주의를 부른다.

발은 오른쪽으로 무릎은 왼쪽으로, '악' 소리가 절로

텐트가 날아갈 정도의 바람과 추위로 인한 두려움으로 밤새 뒤척였다. 이 혹한이 무섭다. 오늘도 앱 하나만을 의지한 채 산길을 헤쳐야 하는 이 상황이 비현실이길 바랐다. 안개가 잔뜩 껴 10m 앞을 분간하기 어렵다. 혼자다 보니 두려움과 무서움의 농도가 더 짙어진다. 한 손엔 휴대폰을 들고 연신 길을 찾고, 한 손은 알파인 스틱으로 중심을 잡으며 눈을 헤치고 능선을 넘으며 한 발 한 발 걸음을 뗀다.

2번 하이웨이와 만나는 아이슬립 새들(Islip Saddle)을 눈앞에 둔 지점에서 그만 오른쪽 다리가 푹 꺼지며 허벅지까지 빠진다. 허방을 짚은 듯했다. 발의 방향은 오른쪽으로 기울고 무릎은 왼쪽 방향으로 뒤틀렸다. '악' 소리가 절로 나왔다. 다리를 꺼내 보니 무릎이 부어오른다. 약간 불편함이 있었지만 걸을 만했다.

4,318km 꿈의 트레일

아이슬립 새들 주차장에 당도한다. 하이킹 차림의 남녀가 피자 한 조각과 물을 건네준다.

오후 5시, 2번 하이웨이와 만나는 독수리 쉼터(Eagles Roost Picnic Area)에 도착했다. 아침부터 지독한 안개에 이슬비까지 내리기 시작하더니 점점 빗방울이 커진다. 바람이 거세 화장실 벽 가까이 텐트를 쳤다. 시간이 지날수록 바람 소리가 크다. 빗방울은 눈으로 바뀌며 폭설로 변한다.

침낭 안에 들어가 오른 다리를 움직일 때마다 고통스럽다. 신음 소리가 절로 나온다. 내일 아침엔 분명히 다친 부위가 붓고 통증이 더 심해질 텐데 큰일이다. 잠은 오지 않고 걱정만 앞선다. 여기서 포기해야 하나? 포기를 해도 일단 여기서 빠져나가야 하는데…. 눈은 푹푹 쌓이고 무릎 통증으로 신음 소리와 고통도 눈이 쌓이는 만큼 깊어 간다.

눈밭 지옥에서 천국으로 날 데려다준 아메르와 LA 보안관들

여기는 한라산 정상보다 높은 해발 6,673피트(2,033m). 7시쯤 잠을 깼다. 밤새 내린 눈이 30cm쯤 쌓였으나 여전히 폭설이 내리고 있다. 무릎 통증은 어제보다 훨씬 심하다. 무릎을 구부리면 통증이 적지만 옆으로 움직이기만 하면 고통스럽다. 뒤틀림에 틀림없다. 이 시점에서 가장 현명한 선택은 뭘까 생각한다. 지나는 차량에 도움을 요청해 가장 가까운 라이트우드로 다시 가서 며칠 동안 쉬면 되겠다 싶다.

도로가 바로 옆이지만 지나는 차량 소리는 들리지 않는다. 폭설로 도로가 통제되지는 않았을까. 그렇다면 난 고립될 수도 있는데. 조난될 수도 있어 무섭고 다리 상태가 어떻게 될지 몰라 두렵다. 하지만 여기 화장실 앞에서 가만히 앉아 기다릴 수만은 없다. 오후 2시 이전엔 탈출해야 한다. 노트를 찢어 몇 문장을 만든다. '대한민국에서 온 Choi다. PCT 걷다가 어제 눈 속에 빠지며 오른쪽 무릎을 다쳐 걸을 수가 없다. 가까운 라이트우드로 가려 하니 태워 달라.'

내 상황을 설명할 말을 계속 적고 있던 중, 누군가 텐트를 두드린다. 자신은 PCT 하이커라며 스웨덴에서 온 아메르이고 같이 온 여친은 베로니카라며 소개를 한다. 쓰다 만 쪽지를 그에게 보여 주었더니 SOS를 치겠단다. 아메르가 내 나이와 국적 등을 묻고 어디엔가 전화를 하더니, 20~30분 안에 헬리콥터가 올 테니 따뜻하게 몸을 보호하고 있으란다. 자동차 한 대 다니지 않는 이 깊은 산중에 도움을 주는 친구들이 나타나다니 이야말로 트레일 매직이 아닐 수 없다.

한참 지난 후 제설차가 오더니 주변을 제설한다. 이내 지프차가 오고 LA Sheriff(보안관) 제복을 입은 두 사람이 내게 나이와 국적, 현재 상태를 묻는다. 아픈 무릎 외엔 이상이 없다고 하니 출발 준비를 하

4,318km 꿈의 트레일

란다.

장비를 배낭 안에 욱여넣고 차에 올랐다. 아메르와 베로니카도 함께 탔다. 1시간쯤 걸려 LA 근교 라 까냐다 플린트리지 지역에 도착했다. 보안관은 내 인적사항을 다시 한 번 적고는 알아서 가라고 한다. 구조는 이렇게 싱겁게 끝났다.

우리 셋은 우버 택시를 타고 이글 록(Eagle Rock) 거리에 있는 숙소에 짐을 풀었다. 난 3일 치 예약을 했고 두 사람은 내일 바로 PCT로 복귀한단다. 그들에게 고마움을 표시하고 헤어졌다. 눈밭 지옥에서 천국으로 온 기분이다.

짐을 풀자마자 인근에 있는 월그린(Walgreen) 내 약국에 가 압박붕대와 진통제를 샀다. 붕대를 차고 보니 통증이 한결 가라앉는다. 이틀

아메르와 베로니카. 나도 저 차를 탔다.

쯤 쉬면 통증이 좀 멎을까. 압박붕대를 차고 조심스레 걸으면 무리가 없겠다 싶었다. 필라델피아에서 의사 일을 하는 처조카가, 내가 조난 시 긴급 전화를 할 수 있는 폰(Personal Locator Beacons)을 사서 보내 주겠다고 했다. 진통제는 간과 위에 좋지 않으니 타이레놀과 번갈아 복용하란다. 여기저기서 필요한 도움을 받는다. 운행을 위해 4일 치 식량을 준비한 후 이틀을 쉬었다.

우버 택시 기사는 무섭다며 차를 돌려 가버리고

정확히 7시에 우버 택시가 도착한다. 기사가 내게 묻는다. "목적지를 확실하게 알고 있어?" "응." 지대가 높아지면서 흩날리는 비가 점점 눈으로 바뀌며 도로에 쌓이고 있다. 기사가 말한다. "나는 스노우 체인이 없어서 도로에 눈이 쌓이면 갈 수가 없어." "걱정 마. 내가 3일 전에 이 도로를 타고 내려왔어. 문제없어."

하지만 문제가 생겼다. 오를수록 도로에 눈이 쌓이자 녀석의 표정이 돌변하더니 미련 없이 차를 돌린다. 참, 대책이 안 선다. 반도 못가서 하차라니. 배낭을 내리고 쿨하게 빠이빠이. 눈은 그칠 줄 모르고 지나는 차량은 없다. 운행 중인 누군가 태워 주겠지 하는 막연한 희망을 가지고 무작정 도로를 걸었다.

4,318km 꿈의 트레일

1시간쯤 후에 스키를 장착한 도요타 승용차가 내 앞에 선다. 스키를 타러 가는 젊은 친구들이었다. 내가 가려는 목적지(Eagles Roost Picnic Area)까지 흔쾌히 태워 주었다. 친구들은 차를 돌리더니 내 이름과 국적을 묻는다. 폭설로 인해 내게 긴급 상황이 발생할 경우를 대비해서란다. 품행이 매우 방정한 친구들이었다.

차에서 내리니 사흘 전보다 상황이 더 나쁘다. 눈은 50cm 이상 쌓였고, PCT 진입로를 찾아 발을 옮기니 무릎까지 빠진다. 안개로 앞이 잘 보이지도 않았다. 열 걸음쯤 나아갔을까, 미련을 버리고 돌아섰다. 이런 상황에서 운행을 할 경우 지난번 바덴 포웰산을 넘을 때처럼 악전고투는 물론, 계속 나아갔다간 설국(雪國)에서 영원히 살게 되지 않을까 싶었다. 라이트우드 쪽을 향해 1시간 이상 걸었다. 바리케이드가 보였고 도로 위엔 1m 이상 제설된 눈이 쌓여 있었다. 여기까지가 제설차의 영역인 듯했다.

코리나 로버츠의 차를 얻어 타다

다시 돌아가는 수밖에 없다. 터덜터덜 걸으며 터널에 들어가 라면이라도 끓여 먹으려 짐을 풀었고, 이내 지프차가 온다. 난 더 갈 수 없다는 의미로 팔로 × 표시를 했지만 본체만체한다. 분명히 아주머니다. 이어서 제설차 2대가 무심한 듯 지나친다. 지프차가 다시 온다. 사정을 얘기했더니 두말 않고 태워 준다. 차 안엔 큰 셰퍼드 두 마리와 검정 강아지 한 마리가 앉아 있다. 녀석들은 내게 텃세를 부리기는커녕 소 닭 보듯 무심했다.

휙휙 지나치는 도로 밖 풍경이 그야말로 설국이다. 가와바타 야스나리의 소설 『설국』의 첫 문장인 '터널을 지나니 그야말로 설국이었다.'를 여기에 적용해도 전혀 무리가 없을 만큼. 누나뻘 되는 이 운전자 여성은 코리나 로버츠(Corina Roverts). 비영리조직인 '붉은새(Redbird)'에서 요리와 병 닦기 팀장 역할을 하는 환경론자다. 설경이 좋아 눈이 온 후엔 사진을 찍으러 오곤 한다. 라 까냐다에 내려주면서 인근에 호텔이 있다며 정보까지 알려 준다.

태권도 도장이 보이기에 무작정 문을 두드려 호텔을 물었고 숙소를 찾았다. 주변엔 여기저기 한글 간판이 보인다. 한국 사람들이 모여 사는 지역인 듯 서울마트, 롯데마트, 치킨데이, 名家, 믿음 한의원, 나누리 분식….

나는 이곳 라 까냐다에서 7일을 보냈다. '믿음 한의원' 주철규 원장께서 5일간 정성껏 무릎에 침을 놔 주셨고 난 제대로 설 수 있었다. 침을 맞은 덕분에 무릎 상태는 조금씩 호전됐다. 침 맞는 마지막 날 주 원장은, 관절 통증, 연골 생성, 스트레스 해소에 좋다며 '건강단' 한 통을 내어 주었다.

다시 PCT로 복귀

다시 PCT로 복귀했다. 우버 택시를 타고 독수리 쉼터에 내렸다. 그사이 눈은 땅바닥이 보일 정도로 녹았다. 7일을 쉬었기에 그새 문명에 익숙했다. 얼른 야성(野性)을 회복해야 했다. 하이커 두 사람을 만나 몇 마디 나누었는데 뉴질랜드에서 온 여성들이었다. 숲 보호를 위해 PCT 길 출입을 통제하는 구간이 있어 약 6.5km를 도로로 걸었다.

일주일을 쉬다 보니 걷기에 목이 말랐다. 내 발걸음이 마음보다 훨씬 앞서간다. 오금이 염려가 돼 조심스레 걸었지만 통증이 거의 없어 다리를 재게 놀렸다. 몸도 경쾌하다.

정오를 지나자 400마일 지점을 지난다. 2번 하이웨이 3지점 (Hihgway 2 & Three Points, 403mile)에 이르니 완연한 봄기운을 느낀다. 눈밭을 완전히 벗어났다. 길은 여기서부터 북쪽으로 방향을 튼다. 하향곡선을 그리며 계속 낮아지는 덕분에 운행 속도는 예상보다 훨씬 빠르다. 하지만 길이 낮아지면 또다시 높아지기 마련이다.

한참을 올라 1인용 텐트 사이트에 짐을 풀었다. 다행히 무릎 통증은 없지만 양쪽 종아리가 몹시 피로하다. 바람 한 점 불지 않고 눈한 송이조차 보이지 않는다. 동쪽으로 내가 걸어온 산자락들이 끝없이 펼쳐져 있다. 봉우리엔 여전히 흰 눈을 이고 있다. 저 앞 고개(해발

2,066m)만 넘으면 더 이상 높은 고개는 없고 계속 내리막이다. 내일과 모레 부지런히 걷는다면 이틀 안으로 아구아 둘째에 도착할 수 있으리라.

해가 지면서 저녁놀이 두 가지 뚜렷한 색상을 만들어 낸다. 산마루를 중심선으로 해서 아래는 검은 톤이, 위에는 온통 붉은 톤이 사방천지를 채색하고 있다. 그러더니 어느덧 하늘엔 이내[2]의 공간만 남았다. 매번 보는 일상이지만 자연 현상은 늘 내게 무언가를 일깨운다. 장엄한 자연 앞에선 숙연하라고, 대자연 속에선 겸손하라고.

가로세로가 똑같은 녀석

밤새 바람이 제법 심하게 불었지만 추위를 동반하지 않았다. 샌드위치와 커피로 아침을 대신하면서 문득 이런 생각이 든다. 장거리 트레킹의 본질은 걷기다. 두 다리로 건강하게 걸으려면 에너지가 필요하다. 그러려면 어떻게든 많이 먹어야 한다.

입에 잘 맞지 않는 이국의 음식들이지만 에너지를 만들기 위해선 낯선 음식들에 적응할 수밖에 없다. 앞으로 음식물을 살 때 가능한 한 외

---

2 이내 : 낮과 밤이 교대하는 시간의 하늘. 하늘에 푸르스름한 기운이 남아 있는 시간.

국 친구들이 뭘 선택하는지를 눈여겨본 후 시도해 볼 작정이다. 엔젤레스 포레스트 하이웨이에 도착해 쉬고 있는데, 관리인인 듯한 사람이 게토레이 두 병을 건넨다.

해가 뉘엿뉘엿 서쪽 산봉우리를 넘어갈 무렵 레인저 스테이션 (North Fork Ranger station) 앞에 도착했고, 캠핑할 곳이 여럿 있어 텐트를 설치하던 중 직원이 나오더니 캠핑할 수 없다고 말한다. 지금 몹시 피곤해 더 이상 갈 수가 없으니 풀밭 구석에서라도 야영을 할 테니 허용해 달라고 부탁했지만, 가로세로가 똑같은 녀석은 인상을 쓰며 막무가내로 안 된단다. 그냥 내가 싫은 모양이다.

그렇다고 호락호락 넘어갈 내가 아니다. 화장실 저쪽 멀찌감치 안 보이는 데에서 야영을 하겠다고 했더니 쫓아오면서 단호히 말한다. "안 돼!" 참 인색한 녀석이다 싶다. 날은 컴컴해지고 너른 사방에 사람이라곤 나뿐이고 주위는 수백 평방미터가 넘는 평지인데. 읍소라도 하고 싶었지만, 어차피 갑은 가로세로이니만큼 어쩔 수 없이 조금 내려가다가 녀석이 안 보일 때쯤 길 한복판에다 짐을 풀었다.

오늘 11시간 10분 동안 42km를 걸었고 몹시 피로했다. 더 이상 갈 수 없을 만큼 체력이 떨어졌다. 저녁을 먹자마자 깊은 잠에 빠져들었다.

감동을 주고 탄성을 자아내는
들꽃, 바위, 트레일 천사들

밤새 안개비가 내리더니 해가 뜨자 서서히 안개가 걷히며 시야가 넓어진다. 맑고 화창한 날이다. 길은 적당한 각도로 구불구불 결코 지루하지 않게 이어진다. 물이 제법 흐르는 골짜기에 다다르니 몽골형 텐트가 눈에 띈다. 고단한 하이커는 여전히 꿈속을 헤매고 있는지 인기척조차 없다. 인디언 협곡 트레일 입구(Indian Canyon Trailhead)에 도착했다. 또 한 번의 트레일 매직이 나타났다. 물과 콜라가 있다. 가져다 놓은 지 얼마 되지 않아서인지 매우 시원했다.

트레일 엔젤이 또 나타났다. 펑(Fung)이라는 홍콩 친구였는데, 미리 부친 음식 박스가 아구아 둘째 우체국에 있다고 하니 자기 차로 우체국까지 태워 주겠다고 한다. 놀랍게도 이곳까지 다시 데려다준다고 한다. 정말이지 천사가 아니면 이렇게 할 수가 없다. 친구의 차를 얻어 타고 가 보니 다른 우체국이었다. 내가 가려는 데는 산타 클라리타(Santa Clarita)였고 친구가 데려다준 곳은 액톤(Acton). 덕분에 슈퍼마켓에서 필요한 간식을 사 돌아올 수 있었다. 친구는 한 시간 반 이상을 오롯이 나를 위해 할애했다. 그저 진정성 있는 인사로밖에 보답할 수가 없었다. 고맙다, 펑!

산타 클라라강(강이라고 해 봐야 폭이 고작 5m)을 건너다가 물에 떠

있던 통나무를 밟았고 힘없이 가라앉는 통에 그만 허벅지까지 물에 빠졌다. 카메라 가방이 젖지 않도록 용을 썼다. 물살이 세서 혹시 뭐라도 빠졌다면 끝장이었다. 이후 길 옆은 안텔로프 밸리 프리웨이(Antelope Valley Freeway) 전까지 들꽃들 천지였다. 들꽃들이야말로 길섶을 아름답게 꾸며 주는 소중한 존재가 아니던가! 크면 큰 만큼 작으면 작은 만큼 자기 존재를 은근히 드러내며 낯선 나그네를 반겨 준다.

나그네는 길섶 들꽃들에게 인사한다. "안녕, 나는 태평양 건너 멀리 대한민국이란 나라에서 온 초이라고 해. 난 너희들을 매우 좋아해. 그래서 너희들 사진을 많이 찍었어. 한국에 돌아가면 너희들을 소개할 생각이야." 이 아름다운 길을 걷는 이들만큼은 시인의 섬세한 감수성으로 종이에 뭐라도 끼적일 수 있으리라. 누군가와 같이 걸을 수 있다면 좋으련만!

세월의 풍상을 겪은 온갖 만물상

길은 끊이지 않고 안텔로프 밸리 프리웨이 밑 수로로 이어진다. 수로를 건너자마자 놀라운 풍경들이 전개된다. 집채만 한 바위들이 각양각색의 형상으로 우뚝하니 자리를 잡고 있다. 계곡을 따라 왼쪽으로 형성된 바위 군락들은 약 500m에 이르며, 도처에 기기묘묘한 바위들이 도열해 있다. 흡사 우주의 탄생을 묘사하려는 듯했다. 오랜 풍상을 겪으며 움푹 파이고, 툭 튀어나오고, 한 방향으로 힘차게 전진하는 듯도 하고, 억겁(億劫)의 세월의 흔적을 고스란히 드러내기도 하고, 영화배우 뺨치는 얼굴 형상도 있어 만물상 그 자체다. 오묘하고 신비스런 자연의 조화라 하지 않을 수 없다. 그저 탄성뿐!

지역에 서식하는 식물들의 이름도 목판에 새겨 넣었다. '산밤 혹은 곰의 잡초'(YERBA SANTA), '야생 오이'(WILD CUCUMBER), '캘리포니아 산쑥'(CALIFORNIA SAGEBRUSH), '캘리포니아 노간주나

영화배우 뺨치는 바위. 외모는 단연 군계일학

무'(CALIFORNIA JUNIPER), '버즘나무'(WESTEN SYCAMORE), '버드나무'(ARROYO WILLOW), '미루나무'(FREMONT COTTONWOOD), '야생 호밀풀'(GIANT RYE GRASS)…. 바스케스 바위 공원(Vasquez Rocks County Park)에서도 이름에 걸맞게 여러 가지 모양과 색을 가진 바위들이 줄 서 있다. 자연이 주는 풍경을 맘껏 감상한다.

해가 노루 꼬리만 할 때 아구아 둘쎄 시내에 도착했다. 시내라고 해 봐야 도로 양편에 상가 몇 개가 나란히 배열되어 있는 아주 작은 규모다. 스토어(Dulce General Store)에 들어가 주인에게 인근에 숙소가 있는지 물었다. "없어. 하이커들이 이용하던 Hiker Heaven이 이사를 가 지금 폐쇄됐어. 미안해." "그럼 난 어떻게 해야 돼?" "…미안해." 주인에게 하소연해 봐야 아무짝에도 소용없음을 알지만 어떡하랴. 지푸라기라도 잡아 봐야지. 가게 밖으로 나오니 지프차가 보인다. "나는 대한민국에서 온 하이커다. 잠잘 곳을 찾으니 도와 달라." "문제없다. 차에 타라."

나를 교회로 데려갔는데 문이 모두 잠겨 있다. 다시 모텔 앞에 내려 주었다. 다행히 영업을 하고 있다. "당신도 트레일 천사냐?" "천사라고 생각해. 월요일에 전화하면 내가 픽업해 줄게. 내 이름은 맥스(Max)!" 그리하여 난 이 지역에서 맥스라는 천사를 만나 또 도움을 받았다.

온다던 맥스는 함흥차사

숙소인 시에라 펠로나 모텔(Sierra pelona Motel)에서 이틀을 쉬었다. 짐 정리를 하던 중 헤드램프가 보이질 않는다. 생각해 보니 산타클라라강을 건널 때 물에 빠지면서 헤드램프가 빠진 듯했다. 마음 쓰지 말고 쿨하게 생각하자. 오랜 기간 운행을 하다 보면 잃어버리거나 어디에 놓고 오거나 하는 일이 생기기 마련이므로.

산타클라라 우체국에 있는 내 보급품을 찾기 위해 우버 택시를 예약했더니, 폰에 차 배정이 안 된다는 메시지가 계속 뜬다. 배낭엔 아껴 먹을 경우 4일간 섭취할 음식물이 있다. 앞으로 길은 평탄하다. 최고 높이가 해발 1,500쯤 되니 걷는 데 큰 무리가 없다. 까짓, 음식물 안 찾는다. 우체국 직원들이여, 대한민국에서 가져온 내 음식을 다 자셔도 좋다. 특히, 컵라면은 맛있고 식감이 좋으니 음미하며 드시길.

이튿날 아침 모텔 주인에게 부탁해 맥스에게 전화를 걸었지만 받질 않는다며 메시지만 남겼다. 조금 후 주인이 말한다. "맥스가 45분 후에 온대." 2시간이 지나도 맥스는 오질 않는다. 10분이면 도착할 수 있는 거린데. 12시가 넘어 혼자 걷는다.

한참을 걷다가 보니 길옆에 누워 쉬고 있던 남녀 하이커들이 내게 묻는다. "Japanese?" "No." "South Korean?" "Yes." "Nice to meet you!" "Me too!" 이 친구들에겐 항상 일본이 먼저다. 매번 그렇다. 언제쯤 이들이 먼저 "Are you South Korean?"이라며 말을 걸어올까?

아직 성치 않은 다리임에도 25.5km를 걸었다. 내가 봐도 놀라운 거리다. 기억하는 벤치(Memorial Bench)라는 팻말이 보인다. 그 옆에는 레오나 디바이드 50(Leona Divide 50)이라 쓰인 커다란 표지판에 사람 이름과 시간이 표시되어 있다. 산악 50마일 달리기 남녀 우승자와 기록인 듯했다. 2010년까지만 표시된 걸 보면 이후엔 대회가 열리지 않았나 싶다. 누룽지에 고추장을 비벼 미소국을 곁들였다. 지도 앱을 보니 내일 도로를 만나고 1.5마일 근처에 주유소 겸 마트가 있다. 운이 좋아 트레일 엔젤을 만나면 금상첨화일 텐데….

일찌감치 잠자리에서 일어나 가볍게 식사를 마쳤다. 참치 샐러드와 미소국과 비스킷. 좋은 말로 하면 소박한 식사지만 초라하기 짝이 없는 빈약한 상차림이다. 벤치 옆 우듬지에서 이름 모를 새가 소프라노 톤으로 독창을 한다. 아침에 새소리를 듣는 일은 참으로 즐겁다. 아침을 활~짝 열어 주니 상쾌한 기분이 절로 든다.

녀석은 마치 내가 이방인인 줄 미리 알고 환영의 노래를 불러 주려는 듯 높고 고운 성량을 맘껏 뽐낸다. "그래, 난 너의 그 맑고 고운 노랫소리를 듣고 오늘도 아침을, 하루를 활짝 열 생각이야. 고마워, 새야." 딱따구리도 악보를 좀 안다는 듯 일정한 속도로 나무를 쪼아 대며 선율을 맞춘다. 자연 속에서 무릇 생명체들은 공존의 미덕을 발휘하고 있다.

끝없는 트레일 엔젤의 도움

부지런히 걷던 중 반대편에서 오는 하이커를 만났다. "헬로우, 하이커 타운(Hiker Town)은 문을 닫았어. 거기 가서 이 번호로 전화를 하면 마켓까지 픽업을 해 줘. 잠도 잘 수 있어." 하며 자신의 폰에서 전화번호를 보여 준다. "저 아래 도로에서 내려가면 밸리 마켓(Valley Market)이 있으니 음식물을 사!" "고마워, 친구."

샌 프랜시스키토 캐논 로드(San Francisquito Canon Road)에서 도로를 따라 1.6마일을 내려가니 그린 밸리 마켓이 보인다. 주유소와 마트를 운영한다. 이 깡촌 시골 마켓에 농심라면이 있다. 시원한 맥주로 목을 축이며 하이커 타운을 생각한다. 그곳은 말 그대로 전 세계 하이커들이 모두 모이는 아주 특별한 곳인데, 문을 닫았다니. 세계 곳곳에서 온 젊은이들과 대화를 나누거나 머물다 갈 공간은 없나 보다. 코로나19가 이곳 시골까지 깊숙이 침투했다.

마을에 산다는 중년 부부가 내게 말을 건넨다. "PCT 하이커인가요? 우리 집에서 쉬어 가도 좋아요." "고맙지만, 그동안 빨래를 못 해 옷에서 땀 냄새가 진동을 해요. 내가 더 불편합니다. 대신에 나를 PCT 지점까지 태워 주면 좋겠어요." "문제없어요." 20분 후에 알랜 플랙코(Allan Placko)가 날 태우고 PCT 지점까지 데려다준다. 또 한 번 트레일 엔젤의 도움을 받았다.

도움의 끝은 과연 어디까지일까? 매번 이런 도움으로 걸어야 할 물리적 거리들이 줄어 가고 있다. 참 고맙고 감사한 일이다. 내가 이렇게 많은 도움을 받았으니 어떤 방식으로든 되돌려 주어야 마땅하다.

『여행의 이유』에서 김영하 작가는 이렇게 말했다. '삶의 안정감이란 낯선 곳에서 거부당하지 않고 받아들여질 때 비로소 찾아온다고 믿는다.' 나 또한 이국땅에서 일면식도 없는 사람들이 보내준 환대에 마음의 안정감을 갖고 비교적 편안하게 운행하고 있다. PCT는 모퉁이가 많다. 저 모퉁이를 돌면 어떤 장면이 눈앞에 펼쳐질까를 상상하며 한 발 한 발 옮긴다. 한 모퉁이에 다다르면 저 앞 내 시선이 가는 만큼 거리에 또 구부러진 길이 있다. 그곳은 모퉁이가 아닌 휘어진 곡선이거나 꺾어진 곳이다. 그곳에 닿으면 생각지 못한 장면이 눈앞에 펼쳐지고, 펼쳐진 그 장면을 통해 난 길의 대체적인 윤곽을 파악한다. 처음 가는 길에서도 이런 기시감을 느낀 적이 한두 번이 아니다. 하여 난 길에서 벗어나지 않고 내가 설정한 구간별 목적지에 무사히 닿고는 한다.

——— 하이커에게 한국인의 흔적을 묻다

브랜든(Branden)이란 친구를 만나 함께 걷는다. 그와 같이 하이커 타운까지 갈 수 있으리라. 식량을 보급하고 차를 얻어 타는데 브랜든

플랙코가 들머리까지 태워주다.

4,318km 꿈의 트레일

의 도움을 받아야 한다. 잠잘 곳을 잡아 그와 나란히 텐트를 쳤다. 누워서 생각한다. 하이커 타운이 문을 닫았다면 처조카가 보낸 긴급 구조를 위한 위치 송신기(Personal Locator Beacons)를 찾기도 어려울 텐데 걱정이다. 어찌어찌 식량을 구한다손 치더라도 그 다음 구간엔 또 어디서 식량을 구할지 매번 걱정과 고민과 곤란이 날 기다리고 있다. 그래도 숙명일 수밖에 없는 이 걷기 여정을 멈출 수는 없다.

내가 출발 준비를 마쳤을 때까지 브랜든은 작게 코를 골며 자고 있다. 키가 큰 브랜든은 보폭이 넓고 속도가 빨라 나를 추월할 수 있으므로 내가 먼저 출발했다. 어느 쯤에 가면 또 만나게 되므로 굳이 기다릴 필요는 없다. 그에게 이런 얘길 꼭 해야 한다. '내일 마켓까지 같이 가면 좋겠어. 내 폰은 미국 폰에 전화를 할 수가 없어. 네 도움이 필요해.'

10시쯤 반대편에서 오는 하이커를 만났다. "내 이름은 그레이트펄(Greatful)이야. 이 붉은 꽃은 캘리포니아주 꽃인 파피(Poppy flower)!" "고마워, 혹시 오면서 한국인 만난 적 있어?" "응, 4일 전에." "젊은 친구?" "응." 나보다 10일 늦게 출발한 친구가 틀림없다. 무릎을 다치는 통에 LA에 10일쯤 있다 보니 그 친구가 나를 앞질러 갔다. 부지런히 걷다 보면 만날 수 있겠단 기대감이 크다. 만나서 뭘 어떻게 하겠다는 뜻은 아니지만, 이역만리에서 한국인을 만나 그저 같이 걷기만 해도 마음이 든든하지 않을까.

도마뱀과 청설모를 보는 단상

길에는 도마뱀이 아주 많다. 길 주변 토양이 녀석들 서식 환경에 잘 맞나 보다. 그러니까 이 길의 주인공들은 바로 녀석들이다. 한데 나만 보면 꽁무니가 빠져라 싶을 만큼 줄행랑을 놓는다. 어떤 녀석은 당황했는지, 어디로 튈지 몰라 갈피를 잡지 못한 채 모래 경사면으로 오르다가 미끄러지고는 앗 뜨거라 싶은지 삽시간에 반대편으로 숨어 버린다. 난 저네들을 해코지할 생각은 눈곱만큼도 없는데 말이다. 그럼에도 뒤도 안 보고 시속 100km로 튀는 녀석들을 보면 참 안쓰럽다. 녀석들도 한 번쯤은 이런 생각을 해 볼 수 있는 노릇 아닌가? '어떤 직립 보행하는 어마어마한 괴물이 왜 하필이면 평온한 내 서식지에서 얼쩡거리고 있지? 노는 꼴이나 한번 볼까?' 뭐 이런 생각.

청설모도 마찬가지다. 원체 나무 타기 선수인 데다가 무지하게 빠른 몸놀림을 가진 녀석은 내가 나타나기만 하면 쏜살같이 나무로 기어 올라가서는 어느 정도 안전이 확보됐다 싶으면 비로소 그때 눈을 동그랗게 뜨고 날 뚫어지게 쳐다본다. 이를테면 '용용 죽겠지, 나 잡아 봐라!' 하는 식이다. 하여간 저들이 길의 주인임에도 생소한 종(種)을 볼 때마다 뒤가 빠지게 내뺀다. 녀석들이 차분히 두고 본다면 저 별종도 사실은 자기들에게 해코지를 하는 나쁜 존재가 아님을 알 수 있을 텐데.

어제와 오늘 봄볕이 따갑다. 그늘과 바람이 더 좋은 화창한 봄날, 그야말로 초여름 날씨다. 오후 1시 조금 못 돼 누군가 길바닥에 500 이란 숫자를 표시한 곳을 지난다. 이젠 이런 표시에 덤덤하다. 걷다 보면 어느새 운행한 거리가 늘어 그만큼 목적지에 가까이 가기 마련. 브랜든이 정보를 준 덕분에 마음이 편하다. 'PCT와 도로가 만나는 지점에 하이커 타운이 있고, 거기에서 트레일 엔젤에게 전화를 하면 위 빌 마켓(Wee Vill Market)까지 픽업을 해 준다.'고 했다. 복귀할 때도 픽업을 해 준다.

광활한 자연을 보며 경외감을

이후 걷게 될 시에라(중부 캘리포니아)는 PCT 길에서 가장 험난하고 어려운 구간이다. 해발 3천 미터를 오르내리고, 최고 높은 곳은 4천 미터가 넘는다. 식량 보급도 문제다. 눈이 쌓여 있다고 가정할 경우 도대체 며칠간의 식량을 준비해야 할지, 또 보급을 하려면 차를 얻어 타야 하는데, 코로나19 역병으로 사람들은 남과 접촉하기를 극도로 꺼릴 수 있으므로 제대로 얻어 탈 수 있을지도 의문이다. 이래저래 앞으로의 일들이 걱정스럽다. 하지만 내가 누군가. 대한국인이다. 사막에 떨어뜨려 놓아도 탈 없이 돌아올 수 있고, 시베리아 벌판에 놓였다 하더라도 살아 돌아올 수 있다. 이런 뱃심이 없었다면 애초에 시작하지도 않았다.

　나무를 쪼는 딱따구리 소리에 잠이 깼다. 지난밤 몹시 배가 고팠나 보다. 나무를 쪼아 대는 속도가 거의 기계다. 저러다가 머릿속 골 DNA 염기 서열 구조가 뒤틀려 정신 이상이 오지 않을지 염려가 된다. 동이 튼 후에도 얼마든지 먹이 활동을 할 수 있을 텐데, 숲속에 먹이 경쟁상대인 딱따구리 개체 수가 많아서 저런가 싶기도 하다. 어디서든 포식자는 동이 터야 먹이 활동을 할 텐데 말이다.

　아프리카에 이런 속담이 있다. '동이 트면 가젤도 뛰고 사자도 뛴다.' 가젤은 포식자에게 잡아먹히지 않기 위해 동이 트자마자 죽어라 도망을 다녀야 하고, 사자는 밤새 배가 고팠으니 동이 트자마자 신선한 아침 식사를 위해 가젤과 같은 연약한 동물들 꽁무니를 끊임없이 쫓아다닌다. 먹이사슬이 복잡하지 않은 숲속에서는 굳이 이럴 필요가 없다.

　브랜든을 만나 함께 높은 고개에 올라선다. 눈앞엔 광활(廣闊)한 풍경이 전개된다. 수십 킬로미터 앞엔 높다란 산마루가 동서로 길게 이어져 있고 이 고개와 저 산마루 사이엔 넓디넓은 평지가 끝없이 좌우로 펼쳐져 있다. 이 고개 아래쪽엔 울긋불긋 여러 가지 색의 꽃들이 끝을 모를 만큼 넓게 자리 잡고 있다. 지금까지 본 풍경과는 완전히 다른 색으로 채색되어 있다. 자연에 대한 감동과 조화가 경외(敬畏)로 바뀐다.

파피가 지천에서 자라고 있다. 배열이 일정치 않은 걸 보니 자연적으로 자라는 듯했다. 초지(草地)를 배경으로 파피가 단연 주인공이다. 정오를 조금 지난 시각, 하이웨이 138번 도로에 다다랐다. 아니나 다를까, 하이커 타운은 굳게 문이 닫혀 있었다. 브랜든이 어디다 전화를 걸었고, 30여 분 후 낡은 승용차가 왔다. 운전자는 메를린(Merlin). 그도 역시 트레일 엔젤이다. 오래전 한국에서 미군으로 복무했다며, "감사합니다, 김치, 소주."라고 말한다.

길은 왼쪽 중간 위 직선으로 이어져 구름 낀 봉우리를 넘는다.

친절한 마리아 씨!

하이커 타운에서 6마일 떨어진 위 빌 마켓 마당에 텐트를 친 후, 마켓 직원의 도움으로 차를 얻어 타고는 하이커 타운에서 가까운 니나치 마켓(Neenach Market)에 갔다. 처조카가 보낸 '긴급 구조를 위한 위치 송신기'가 혹시 이곳에서 날 기다리고 있는지를 확인하고 싶었고, 찾을 수 있으려니 했다. 결과는 역시 아니었다. 어떤 때는 일이 술술 잘 풀리는 경우도 있고, 때론 꼬일 대로 꼬일 수도 있으므로 그다지 실망할 필요는 없다. PCT상에서는 하이커들을 위한 편의를 많이 봐준다. 어디로 보내 달라 하면 보내 준다. 주인인 마리아가 엄청난 크기의 햄버거를 내준다. 젓가락으로 떼어 먹는 나를 보고 브랜든이 한 소리를 한다. "젓가락으로 햄버거를 먹는 사람을 처음 봐."

사흘 치 식량을 준비했다. 마리아에게 럼이나 진 한 병을 달라 했더니 자기 집으로 가잔다. 거실에는 술이 잔뜩 담긴 제법 큰 병이 여럿 있고, 마리아는 조그만 병을 깨끗이 씻어 내고는 거기다가 럼주를 따라 건네준다. 돈을 받지도 않았다. 꽤나 독한 술이다.

운행 50일째. 남부 캘리포니아의 마지막 구간을 시작하는 날. 출발 준비를 하니, 마리아가 스카프 한 장을 건네며 "다른 데 가서도 마스크 대신 써." 하이커들로부터 잠깐 들은 얘기가 틀림없다. 주인인 마리아가 매우 친절하다는 말이 거짓이 아니었다. 친절한 마리아 누나,

고마워요. 어제 픽업을 해 준 메를린이 왔던 길로 다시 데려다주며 또 몇 마디 한다. "대구, 부산, 평택, 이리 와." 표정은 '나 한국말 잘하지?'

뙤약볕에서 건네받은 코로나 맥주

본격적으로 사막 지대를 걷는다. 태양은 자신의 열을 온통 대지에 쏟아붓는다. 말 그대로 뙤약볕. 사방 천지에 그늘이라곤 눈을 씻고 찾아도 없다. 6시간 이상을 걸었지만 겨우 내 키만 한 나무가 드리우는 얼기설기한 그늘에서 잠시 쉬었을 뿐. 길은 농업용수용 파이프라인(지름 약 3m)과 바투[3] 붙어 평행선을 그린다. 라인은 약 4km 직선 코스였는데 걷는 재미가 특별했다.

뙤약볕을 걷고 있던 중 지프차가 내 옆에 서더니, 한 여성이 말을 건넨다. "맥주 원해?" "물론!" 멕시코산 코로나(?) 병맥주 한 병을 내준다. 속이 얼얼할 정도로 차다. 덥다 못해 뜨거운 열기로 호흡조차 버거운 상태에서 마시는 맥주 한 모금, 더 이상 뭘 바라랴. 지나는 트럭 두 대에서 또 물을 내준다. 저 뜨거운 대지를 걷는 하이커들에게

---

3 바투: 두 대상이나 물체의 사이가 썩 가깝게. 시간이나 길이가 아주 짧게.

뭐라도 주고자 하는 저들의 선의에 그저 고마움을 표시할 수밖에.

LA 당국에서 설치해 놓은 지하수 공급 시설에서 걷기를 멈췄다. 종일 볕에 시달리다 보니 몹시 지쳤다. 수도꼭지에선 시원한 물이 콸콸콸. 정수를 해서 먹으란 글이 보인다. 배 속에서 물이 출렁거릴 만큼 많이 마셨다. 남쪽으로 내려가는 부부, 브랜든, 나까지 네 명이 시설 주변에서 자기가 좋아할 만한 곳을 골라 텐트를 펼친다. 내일은 고단한 날이겠다 싶다. 날은 푹푹 찔 테고 900m 이상을 올라야 하므로 뜨거워지기 전에 일찌감치 출발을 해야 한다. 될 수 있으면 많이 걸어서 모레 오전쯤 남부 캘리포니아가 끝나는 지점인 하이웨이 58번 고가 (高架)에 당도해야 한다.

캘리포니아 남부 구간을 마치다

처음으로 반바지로 갈아입고 운행을 시작하니 그렇게 편할 수가 없다. 진작 입어 둘걸. 브랜든은 아침잠이 많은 친구다. 출발하려는 데도 인기척조차 없다. 원체 빨리 걷는 친구라 어느 지점쯤에서 만나게 되리라. 기왕이면 그와 함께 남부 캘리포니아 구간을 마치기를. 부부는 새벽 5시부터 채비를 하더니 6시쯤 떠난다. 손을 흔들며 그들의 안전 운행을 기원해 줬다.

4,318km 꿈의 트레일

12시 전에 된비알[4]을 넘었고 체력 소모가 컸다. 태양은 여전히 날산 채로 구워 삶으려는 듯 엄청난 기세로 열을 가하고 있다. 휴게소처럼 보이는 곳에 잠시 쉬어 간다. 뭐라도 좀 있을까 싶어 여기저기 기웃거렸지만 개미만 우글우글하다. 계속 내리막길이다 보니 힘들이지 않고 빠르게 운행을 했다.

앞쪽 너른 구릉지엔 수만 개의 풍력 발전기가 돌아가고 있다. 이 지역엔 바람이 많이 부는가 보다 추측할 수밖에. 이따금 만나는 기록지를 들춰 보니 김 아무개란 친구가 6일 전에 이곳을 통과했다. 그를 만나기가 점점 어려워진다.

트레일 매직을 또 만난다. 박스 안에 시원한 콜라, 스프라이트, 캔 맥주가 둥둥 떠다니고 있다. 테하차피(Tehachapi)트레일 엔젤 그룹에서 제공한다는 표시가 있다. '테하차피'란 지명이 특별하다. 영어식 표현도 아닌데, 혹시 옛 원주민들이 사용한 지명이 아닐까 짐작해 보지만 알 도리가 없다.

탁자 위 종이에 이런 글이 쓰여 있다. '이번 시즌엔 트레일 엔젤을 운영하지 않겠다. 코로나19로 운전자와 하이커의 건강을 위한 조치이다.' 난 점점 난관에 부닥치고 있다. 그나마 운영하는 숙소 몇몇 명단이 표기되어 있다. 브랜든은 아직 오지 않았다. 내일 걱정이 많다. 고속도로라 날 태워 주는 차가 없을 텐데 큰일이다. 까짓것, 여기서

---

4 된비알: 몹시 험한 비탈.

헤아릴 수조차 없는 풍력 발전기

오른쪽 중간에 58번 하이웨이 고가가 보인다. 남부 캘리포니아 구간 종점이다.

고민할 게 아니라 부닥쳐 보는 거지, 뭐.

철길을 건너 고속도로 고가로 가던 중, 반대편에서 오는 승용차가 내 앞에 선다. "Japanese?" "No, South Korean." "모하비 쪽? 테하차피 쪽?" "테하차피!" "고가에서 기다려. 2시간쯤 산행한 후 픽업하러 가겠다." "나와 함께 다닌 브랜든도 올 거야, 같이 태워 줘." "알았어." "정말 고마워!" 이렇게 또 트레일 엔젤의 도움을 받는다.

PCT 총 5개 구간 중 1구간 격인 남부 캘리포니아 운행을 마쳤다. 어렵게 911km를 걸었다.

Part 2

포레스터 패스(해발 4,023m)에서 본 주변 산 군락

중부 캘리포니아
내가 이 길을 걸을 수 있음은 진정한 축복이다

★ 운행 구간 ★

Highway 58 Overpass ~ Echo Lake & chalet

★ 운행 거리 ★

525.8mile(846.1km)

★ 운행 기간 ★

2020.4.28. ~ 6.9.

"행운의 여신이란 여러 모습으로 나타나는 법인데 누가 그것을 알아본단 말인가."

– 어니스트 헤밍웨이(Ernest Hemingway), 『노인과 바다』

한국인의 정

트레일 엔젤은 약속한 대로 정확히 2시간 후에 나를 픽업해 주었다. 천사가 묻는다. "어느 호텔로 가고 싶어? 베스트 웨스턴(Best Western)?, 페어필드 인(Fairfield Inn)?" "베스트 웨스턴 호텔!" 하이웨이 고가에서 약 12km 떨어진 숙소에 들어가는데 프론트 데스크에 앉아 있는 여자 분이 왠지 한국인 같아 보였다. 아니나 다를까, 그분이 대뜸 내게 묻는다. "한국인이세요?" "네."

올해 69세이신 유현길 대표다. 미국으로 이민 온 지 무려 40년. PCT를 걷는 중이라고 했더니, 내 나이와 직업에 관해 묻고는 이런 말씀을 하신다. "산 다니는 사람들은 가정을 돌보지 않아요. 혹시 미혼이세요?" 이러면서도 어묵탕을 끓여 주고 김치와 밥을 내준다. 한국인의 정이 발현(發現)되고 있다. 내일 아침엔 근처에 있는, 한국인이 운영하는 미도리 식당에 가서 김치찌개를 만들어 달라고 하면 해 준다며 정보를 주신다. 이런 작은 도시에서도 한국인이 호텔과 음식점을 운영하고 있다.

월마트에 가서 넉넉하게 5일 치 식량을 준비했다. 유 대표가 동네에 사는 트레일 엔젤 명단과 전화번호를 출력해 준다. 전화하면 PCT 지점에 데려다준단다. 미도리 식당에 갔다. 한마디도 하질 않았지만 고형태 대표는 금방 날 알아본다. '국순당 1000억' 막걸리와 병맥주,

안줏감을 내준다. 또다시 한국인의 마음이 읽힌다. 호텔 유 대표와는 서로 집을 들락날락하는 사이란다. 내일 아침에 김치찌개를 해 준단 소리에 입안에 침이 흥건히 고인다.

미도리 식당에서 회덮밥으로 점심을 먹으며 고형태 대표와 얘길 나눴다. 30년 전 미국으로 이민을 왔고, 골동품 수집이 취미란다. 흔히 말하는 산전수전 다 겪은 분이다. '테하차피'의 뜻은 인디언 말로 '바람의 언덕'이란다. 그러면 그렇지, 바람의 언덕엔 풍력 발전이 안성맞춤이지. 또, 와인을 모르면 인생을 논하지 말라는 말도 했다. 다분히 끼가 많은 분이다. 저녁 내내 이야기를 나눴다. 하루 더 있다가 떠나라면서, 혹시라도 내일 아침에 맘이 변하면 식당에 들르라며 아쉬움을 드러낸다.

시에라 구간 시작이다

출발 준비를 마치니 유 대표께서 배고프면 먹으라며 군만두를 주신다. 무표정한 인상임에도 잔정을 보여 주신다. "기회가 되면 아내와 이곳에 다시 오겠습니다." 트레일 엔젤인 래에(Rae)가 이틀 전 도착 지점인 58번 하이웨이 고가 옆 PCT 진입로에 내려 준다. 유 대표에게 꼭 안부를 전해 달라는 부탁을 그녀에게 했다.

이제 본격적인 시에라 구간 시작이다. '포기나 중단은 없다'라는 마음가짐으로 발을 뗀다. 산이 높으면 여지없이 지그재그 스위치백으로 길이 형성돼 있다. 배낭을 멘 이는 오직 나 혼자뿐. 가끔 나타나는 뿔도마뱀과 꼬리가 길고 시커먼 도마뱀이 고요한 정적을 깨고 내 시선을 붙잡고는 한다. 살아 있는 생명체를 만나는 일은 보기만 해도 즐겁다. 우리와는 기후와 서식 환경이 달라 녀석들의 생김새가 생소하지만 자연에서 마음껏 살고 있으니 자연 속에 있는 나도 저들의 친구가 되기에 부족함이 없다.

날씨가 몹시 덥다. 체내에서 염분과 물이 다 빠져나온 듯했다. 골든 옥스 스프링(Golden Oaks spring)에서 물을 담았다. 아직 물이 귀한 지역이다. 파이프로 물을 끌어오는데 나오는 양이 적다. 앞으로 30km를 더 가야 물이 있다. 오늘 하루 약 38km를 걸었다. 반바지를 입은 지 4일째. 무릎 아래는 벌써 햇볕에 그을려 시뻘겋다.

오트밀 아침 식단은 탁월한 선택이다. 물을 끓인 다음 오트밀 가루를 넣어 휘휘 저으면 만사 끝. 달달해 빵을 곁들이면 아침 식사로 손색이 없다. 조리 시간이 짧고 무게도 매우 가볍다. 종류도 여러 가지. 건포도와 대추와 호두를 섞거나, 사과와 계피를 섞거나, 딸기와 크림을 섞거나, 바나나와 견과류를 섞은 오트밀 등 취향에 맞게 골라 먹을 수 있다.

저 많은 장비를 다 버리고 어디로 갔을까?

8시 조금 넘은 시각, 눈앞엔 있을 수 없는 장면이 펼쳐져 있다. PCT 하이킹을 위한 장비들이 너저분하게 널려 있다. 배낭, 신발, 통신 기기, 쿠킹 세트, 손전등, 필기도구, 스카프, 양말…. 이 장비들이 왜 여기에 버려져 있을까? 어떤 하이커가 걷는 고행을 못 견디고 장비를 버리면서까지? 여기서 돌아갔다면 테하차피 쪽으로 갔을 테고, 그렇다면 빈 몸으로 오는 누군가와 내가 마주쳤을 수도 있을 텐데. 하여간에 어제부터 맨몸으로 오는 누군가를 만난 적이 없으니 적어도 어제 돌아가진 않았으리라. 얼마나 고통스럽고 힘들었으면 저렇게 모든 짐을 길바닥에 내팽개치고 돌아갔을까?

짐을 다 버리고 어디에 갔을까.

나는 60세가 되기 전에 내 인생 버킷 리스트인 중 하나를 실천하기 위해 여기까지 왔고, 비록 힘들 때도 있지만 즐겁고 유쾌하게, 또 더 없이 만족한 상태에서 하루하루를 걷고 있다. 무거운 짐이 내 발걸음을 더디게 하지만, 자연을 벗 삼아 아름답게 만들어진 이 길을 걷는 기쁨을 상쾌하고 가벼운 마음으로 만끽하고 있다. '행복한 여행의 가장 큰 준비물은 가벼운 마음이다.'라고 생텍쥐페리가 말했다.

산들산들 불어오는 상쾌한 바람이 땀에 흠뻑 젖은 내 옷과 피부를 시원하게 해 준다. 피부의 땀방울이 기화되면서 뼛속까지 시원해지는 그런 느낌이라고 할까. 소나무 잎들이 저 산들바람에 제 몸을 내주며 수런거리고 있다.

말로만 듣던 방울뱀과 눈싸움을 하다

죽은 나무 둥치 바로 옆에 똬리를 튼 뱀이 나를 쳐다보고 있다. 얼핏 봐도 2m쯤 되어 보인다. 잠시 멈춰 나도 뚫어지게 쳐다보았다. 눈싸움으로 기를 죽여 놔야지. 녀석은 잠시, 저 포유류가 얼마나 힘이 셀지 혹은 자기처럼 독을 품고 있는지를 암중모색하려는 듯 움직이지 않고 날 쳐다보다가 대가리를 곧추세우고 미끄러지듯 슬그머니 나무 밑동으로 자취를 감춘다. 마디가 있는 노란 꼬리가 살짝 올라가 있었는데 거기서 이런 소리가 났다. '치르르르 치르르르.' 말로만 듣던 방울뱀인 듯했다.

녀석은 내 카메라에 담기길 극도로 싫어하는 듯 눈길 한 번 주질 않았다. PCT 길을 걸을 때 이 방울뱀을 조심하라는 경고문을 본 적이 있다. 파충류와 포유류의 눈싸움에서 포유류가 이긴 걸까, 파충류가 봐준 걸까? 뱀은 지혜와 의술의 상징이라는데, 저보다 큰 포유류와 한판 붙기보단 빠지는 게 낫다는 지혜를 발휘했을까?

7.3리터에 달하는 물을 정수했다. 내일과 모레 오전까지 물을 만날 수가 없어 네 끼 식사와 운행하면서 마실 물 준비를 위해 가지고 있는 물통에 모두 물을 채웠다. 배낭은 날 짓뭉개 버리려는 듯 어깨를 사정없이 짓누른다. 하지만 어쩌랴, 다 내가 져야 할 짐이다. 하루 지나면 다시 가벼워질 테고. 난 걸으며 '인생 수업을 한다.'며 기분 좋게 앞으로 나아가고 있다.

내 생각이 참 부질없음을 깨닫게 하는 트레일 매직

4월 마지막 날. 무거웠던 배낭이 내 어깨에 깊은 흔적을 남겼다. 어깨가 1인치 눌러앉은 듯했다. 그 바람에 내 키가 얼마간 줄지 않았을까 싶을 만큼. 운행한 지 1시간쯤 지났을까, 20리터 물통이 수십 개

놓여 있다. 비포장도로와 PCT가 만나는 켈소 로드(Kelso Road) 지점이다. 사막 구간에 물이 없다는 사실을 알고 있는 지역 트레일 엔젤들이 물통을 가져다 놓았으리라.

트레일 매직은 이따금 생각지도 못한 지점에서 나를 놀라게 한다. 마술은 굳이 그렇게 많은 물을 지려고 했던 내 생각이 참 부질없었음을 깨닫게 한다. 미국 여성 한 명이 텐트에서 나온다. 3일 만에 처음으로 하이커를 만난다. 그녀는 지난밤 이곳에서 물 걱정 없이 얼마나 편히 지냈을까.

24km를 더 가니 버드 스프링 패스(Bird Spring Pass)가 나온다. 새들도 목을 축이는 고개이런가, 이곳에도 물통이 수십 개다. 여기서부터 21km 더 가야 물을 구할 수 있다. 그러니까 나처럼 미련하게 7.3리터를 지고 가지 말고, 3리터만 지고 가다가 켈소 로드에서 보충하고 또 버드 스프링 패스에서 보충하면 된다. 그 지점엔 차량이 들고날 수 있으므로 트레일 엔젤들이 물을 가져다 놓을 수 있다는 뜻이다. 앱에 지점 표시가 되어 있으므로 이를 확인하면 문제가 없다.

오늘은 길이 모두 모래 바닥이라 걷는데 푹푹 빠지는 통에 걷기가 수월치 않았다. 오늘은 드디어 1,000km를 지나 14km나 더 걸었다. 내가 설정한 기부금 액수도 어느덧 50만 원. 앞으로 4일 이내에 케네디 메도우즈(Kennedy Meadows)에 도착한다. 여기서부터 진짜 눈 덮인 시에라 구간이 시작된다.

스쳐 가는 이들이 날 응원해 준다

178번 하이웨이를 향해 내리막을 걷고 있던 중, 반대편에서 오는 중년의 하이커가 내게 말을 붙인다. "How is it going?" 말이 빨라 내가 다시 물었다. "어떤 뜻인지 천천히 다시 말해 줘요." "Everything are you OK?" "알겠어, 고마워. 난 지금 컨디션 좋고 전혀 문제없어요."

그는 자신의 트레일 네임은 레트로(Retro)이며, 2015년에 은퇴했고 일 년에 5~6개월 동안 트레일 엔젤을 하고 있단다. 그러면서 자신의 집과 메일 주소를 적어 주며, 보낼 땐 말미에 꼭 PCT 하이커라고 표시하란다. 친구는 도움을 주지 못해 안달이 날 정도로 내게 많은 말을 쏟아붓는다. 이 친구 말대로 그의 집을 방문한다면 얼마나 정성껏 대해 주려는지 짐작하고도 남는다.

하이웨이 워커 패스(Walker Pass)에 도착했다. 고개다 보니 바람이 엄청나게 세다. 하이커들이 보통 묵고 가는 오니(Onyx) 대신에 인요컨(Inyokern) 마을로 가기로 하고 하치하이크를 시도했다. 30분쯤 지났을까, 화물차가 내 앞에 선다. 친구의 이름은 조슈드 헐(Joshud Hull). 전에도 이곳에서 일본인과 중국인을 태워 주었다며, 인요컨에는 로스앤젤레스나 샌디에이고행 공항이 있다는 정보까지 알려 준다. 친구는 페어매이 모텔(Fairmay Motel) 앞에서 날 내려 준다. 즉석에서 그와 페북 친구를 맺었다.

모텔 주인에게 "혹시 이 지역에 트레일 엔젤이 있으면 내일 아침에 불러 달라."라고 부탁을 했으나 시큰둥하더니, 버스가 다니지만 토요일에는 운행을 하지 않는다 했다. 설사 버스를 타지 못해도 하이커를 위한 택시가 있으니 이용할 수 있으리라. 마켓(Inyokern Food market)에 가 이틀 치 음식을 준비했다. 앞으로 약 80km를 더 가면 케네디 메도우즈다. 그곳까지 가는 길은 평탄하므로 부지런히 갈 경우 이틀 반나절쯤이면 닿을 수 있다. 그다음부터는 눈길과 높은 봉우리가 시작되므로 어떤 험한 여정이 날 기다리고 있을지 설레기도 하고, 솔직히 일말의 두려움도 생긴다.

시에라 구간이 점점 가까이 다가온다

하이커 택시를 타고 어제 도로에서 만났던 워커 패스(Walker pass)로 가 다시 길을 잇는다. 뾰족한 산봉우리가 어서 오라 손짓하며 나를 부른다. 앞으로 3일쯤 걸으면 본격적인 시에라 구간 출발인 케네디 메도우즈(Kennedy Meadows)다. '메도우즈'란 지리적 특수 지형을 말하는데, 오고 가는 하이커마다 좋은 곳이라고 얘기들을 한다. 풍경이 좋은지, 사람 살기에 좋은지는 백문이 불여일견이라고 가 봐야 안다.

워커 패스에서 길은 오른쪽으로 에돌아간다.

그곳에서 시에라 구간의 운행 상황을 상세히 파악해야 한다. 산중에 대피소를 운영하는지, 눈이 쌓였는지 다 녹았는지, 길 상태가 어떤지에 따라 내 운행에 변수가 뒤따른다. 설렘과 걱정이 겹치지만 기대감도 자못 크다.

신발도 교체해야 할 때다. 바닥 창은 덜 닳았지만 벌써 탄력성이 떨어져 땅바닥 촉감이 발바닥에 그대로 전해져 발에 피로가 쉽게 찾아온다. 깔창도 완충 작용 기능을 많이 잃었다. 케네디 메도우즈부터는, 이른바 '곰통(Bear Vault)'을 시에라 구간 내내 짊어지고 다녀야 한다. 이 구간엔 곰들이 출현해 하이커들의 짐들을 뒤져 음식물을 탈취해 가므로, 곰들이 절대 열 수 없는 이 통에다가 음식물을 넣어야 하기 때문이다.

길을 만든 이들에게 감사와 존경을

초반에 고도가 계속 높아지면서 고전했지만 지그재그 길이 원체 완만해 고되진 않았다. 걷기에 수고롭지 않도록 만든 길엔 사람들의 엄청난 노력들이 곳곳에 드러난다. 깨거나 부순 돌들로 벽을 쌓아 길을 견고하게 만들기도 했고, 어마어마한 규모의 너덜겅[5]엔 큰 돌들을 치워 길의 모양을 만든 다음 돌들 틈새에 잔돌들을 끼워 넣어 평탄하게 했다.

이따금 절벽을 깎아 길을 낸 흔적도 보이는데, 사람들의 수고와 노고가 이루 말할 수 없을 정도다. 더군다나 해발 2천 미터 높이엔 기계를 운반하기조차 불가능해 모두 손으로 다져 놓았을 터. 이런 길을 어려움 없이 걸을 수 있게 됨은 오로지 그들 덕분이다. 저 길을 만든 사람들은 대관절 누구를 위해 그처럼 고단한 노력과 수고를 들였을까? 길을 만든 이들에게 진심으로 감사와 존경을 보낸다.

---

5 너덜겅: 돌이 많이 흩어져 있는 비탈. '돌너덜' 또는 '서드리'도 유사어.

이젠 PCT 길의 속성을 거의 이해했으므로 속도의 완급을 조절하며 보폭을 줄였다 넓혔다 했다. 텐트 사이트를 0.1마일 앞둔 개울에서 사고를 쳤다. 2리터짜리 소이어 스퀴즈(Sawyer Squeeze) 비닐 물병에 물을 채운 후 손으로 들고 가려다가 부주의로 놓쳤다. 땅으로 떨어지는 물병이 공중부양을 해 다시 내 손에 온다거나 낙법을 발휘해서 땅에 안전하게 내려앉을 턱이 없다. 보기 좋게 터져 버렸다.

물을 정수해서 지고 다니려면 반드시 물통 2개가 필요하다. 참, 대책이 안 선다. 앞으로도 이런 일이 일어나지 말란 법은 없다. 이러다가 목적지에 다다르면 배낭 하나만 달랑 남게 될지 누가 알겠는가. 정신을 좀 차리시지, 최씨!

——— 잠깐 찾아온 회의감

7시 전에 길을 나선다. 벌써 습관이 되었나 보다. 시야가 트인 안부에 이르니 어제 내려왔던 길과 평행선을 이루며 다시 산마루를 향한 오름길로 이어져 있다. 그 직선 폭이 기껏해야 50m쯤이나 되려나. 그야말로 엎어지면 코 닿을 데를 내려갔다가 다시 올라왔다. 꼬박 하루 걸렸다. 이후 산세가 험해 오르막과 내리막의 높낮이가 커 몹시 고됐다. 해발 1,712m에서 2,133m로 올랐다가 다시 1,690m로 내려가다가 또다시 2,436m로 올라섰고, 다시 1,777m로 내려갔다. 두 곳의 된비알이 내 몸 속 탄수화물을 모조리 가져갔고, 허벅지와 종아리 근육에 있는 글리코겐마저도 빼앗아 갔다. 잠자리를 만들고 나니 온몸의 기운조차 다 빠져나간 듯했다. 피로가 몰려오며 몸살 기운이 있는 듯도 했다.

갑자기 찾아온 회의감에 맥이 빠진다. '이 짓을 왜 할까, 두 달쯤 되풀이한 이 단세포적 일상이 지겹다. 웅장한 대자연의 장엄함 앞에 큰 희열(喜悅)을 맛보긴 하지만 자고 일어나 음식을 먹고 걸으며 물을 마시고, 다음 물이 있는 곳까지는 또 얼마나 걸릴지에 대한 되풀이가 지겹다. 내 유한한 시간에 이 길 위에서 시간과 공을 들일 이유가 과연 뭘까.' 6개월 동안 일관된 생각과 행동을 유지하기란 내게 그리 쉬운 일은 아니다.

케네디 메도우즈 스토어엔 하이커 한 명도 없고

이제 내일 오전만 걸으면 셔먼 패스 로드(Sherman Pass Road)에 닿을 테고, 그 도로를 따라 1km쯤 더 가면 케네디 메도우즈 스토어가 있다. 장비를 보강하고 다시 짐을 꾸려야 할 지점이다. 앞으론 지금 운행하는 경우보다 훨씬 더 고되고 험난한 여정이 전개되리라. 각오를 단단히 해 마음의 흐트러짐을 막아야 한다. 어제오늘 걸으며 멀리 보이는 시에라 구간엔 역시 큰 봉우리마다 흰 눈이 덮여 있다. 눈이 녹았단 기대를 버린 지 오래다. 아직 닿지도 않은 산길을 예측해 봐야 기우에 불과하다. 가자, 가서 부닥치자. 개울물 소리를 자장가 삼아 매트리스 위에 눕는다.

출발한 지 60일째. 오늘 닿아야 할 목적지가 가까이 있다 보니 여러 생각들이 머릿속을 헤집고 다닌다. 평소 잘 알고 지내던 지인들에게 내 육성을 들려주고 싶고, 그들의 목소리를 듣고 싶다. 수만 리 떨어진 미국 땅에서 생생하게 들려주는 지인들의 목소리에 힘입어 내게 뭔가 새로운 동력이 생길지도 모른다. 발걸음에 다소간 힘이 실린다. 나와는 반대로 운행 중인 두 명의 여성 하이커를 만나 인사를 나눈다. "How is it going?" "Everything is OK!"

속이 부글부글 끓는다. 체한 모양이다. 60일 만에 처음 겪는다. 음식을 욱여넣다시피 먹었는데 이게 탈이 났다. 걸으면서도 속이 영 좋질 않다. 케네디 메도우스 스토어엔 정확히 12시 도착. 하이커들이 쉬어 가는 곳이라 내심 몇몇 친구들을 볼 수 있으리라 기대했고, '그 친구들이 환영의 박수를 쳐 주면 정중하게 고개 숙여 답해야지.'라고 생각했지만, 단 한 사람도 보이질 않는다. 몇 년 전에 PCT를 걸었던 한국인의 책에서, 이곳에 먼저 도착한 하이커들이 나중에 오는 친구들을 열렬히 환영해 주는 장면을 읽은 적이 있다. 하지만, 난 쓸쓸하게도 혼자였다. 기록지엔 5월 1일에 분명히 4명이 표기했는데 다들

어디로 갔을까. 스토어 운영자인 수지에게 야영 여부를 물으니 테라스 아무 데서나 해도 된단다. 비스킷, 땅콩버터, 스낵바, 크래커, 육포 등 바로 먹을 수 있는 식단으로 준비했다. 부피를 줄이기 위해 먹을거리를 비닐 봉투에 몰아넣었다. 곰통을 사 억지춘양 격으로 먹을거리를 욱여넣으니 그럭저럭 다 들어간다.

앞으로 10일 이내 날이 화창하다. 수지가 포레스터 패스에 눈이 없다며 고무적인 얘길 해 준다. 약 10일 이내 거리엔 해발 3천 미터를 비롯해 미국 본토에서 제일 높은 휘트니산(MT Whitney, 해발 4,414m)으로 이어지는 산마루가 있고, PCT상 가장 높은 포레스터 패스(Forester Pass, 해발 4,023m)도 이 구간에 존재한다. 이 기간에 험난한 구간을 모두 넘어야 한다. 남들 다 한 일을 나라고 못하란 법은 없다. 수지에게 트레일 신발을 사고 싶다 했더니 3마일 더 가면 등산 장비 매점이 있다고 했다. 며칠 전 종이에서 본 그 트리플 크라운 아웃피터스(Triple Crown Outfitters)였다.

무려 2만 5천km를 걸었던 재키

새벽녘에 기어코 배 속에서 탈이 났다. 어제 먹었던 음식들이 모두 내 몸속에서 빠져나왔다. 약도 없는데, 다행스럽게도 딱 한 번에 배탈이 멈췄다.

트리플 크라운 장비점엔 빙·설벽 장비, 침낭, 피켈, 행동식 등을 모두 갖췄다. 주인인 재키 멕도넬(Jackie McDonnel)은 1997년~2016년까지 트리플 크라운을 두 번이나 달성한 유명한 하이커였다. '트리플 크라운'이란 미국 서부 산맥을 잇는 PCT, 미국의 대륙 분수령을 잇는 콘티넨털 디바이드 트레일(CDT), 애팔래치아 산맥을 연결한 애팔래치아 트레일(AT) 등 미국 3대 장거리 트레일을 뜻한다.

3개 구간을 모두 합하면 12,700km인데 두 번을 걸었으니 25,400km! 지구 둘레가 약 41,000km임을 고려할 때, 반 이상을 오직 발로만 걸은 셈이다. 서울에서 해남 땅끝까지 450km라고 셈할 경우 무려 56번을 걸어야 하는 먼 거리다. 게다가 평지가 아닌 오르내

재키가 자신이 운영하는 상점에서 포즈를 취해 주었다.

리막이 무수히 많은 산길을 단독으로 걸었으니 더 말해야 잔소리다.

　여러 하이커들 중 낯익은 친구들이 몇몇 보인다. 그중 PCT 운행 초반에 만난 제리가 눈에 띈다. 포옹을 했다. 제리가 내게 말한다. "내가 2주 전에 짐을 만났는데 그가 초이를 보고 싶어 해. 짐은 오늘이나 내일쯤 이곳에 와." 얼마나 반가운 소식이던지! 라이트우드에서 아쉽게 헤어진 이후 만나리라곤 결코 생각지 못했다. 이참에 짐과 동행해 저 시에라 구간을 넘으면 좋겠다 싶었다. 제이콥과 까멜라도 보였다.

　침낭, 재킷, 트레일화, 여분의 식량, 양말을 새로 샀다. 친구 김영조가 선물해 준 신발을 막상 버리려니 몹시 아쉽다. 그간 1,130km를 나와 함께 동고동락한 절친이 아니었던가? 신발은 내게 이런 말을 할는지도 모른다. "내가 그 험한 산길을 안전하게 걸을 수 있도록 발을 편안하게 해 주었음에도 이젠 헌신짝 버리듯 똥 친 작대기로 취급을 하다니 이럴 수가 있냐고!" "미안하다, 신발아! 우리 연(連)은 여기까지인 모양이다. 그간 정말 고마웠어. 오랫동안 마음에 담아 놓을게."

　시에라를 넘으려면 꼭 필요한 장비라며 제리가 내게 자꾸 아이스 엑스(Ice Axe: 아이스 피켈보다 작고 가볍다)를 사라고 종용한다. 그냥 웃고 말았다. 나중에 일어난 일이지만 이 장비가 없어 결국 난 휘트니산 정상을 밟지 못하게 된다. 제리는 흡사 에베레스트에 오르기로 한 듯 이중화, 크램폰, 아이스 엑스로 중무장을 했다.

재회하자마자 떠난 짐

장비점 옆엔 그럼피 베어 리트릿(Grumpy Bear Retreat)이란 음식점이 있는데 하이커들에게 푸짐한 식사를 내주는 곳이다. 보통 식단보다 1.5배를 더 준다. 배고픈 하이커들에겐 최고의 음식점이다. 점심식사 후 주인인 스콧(Scott)에게 부탁해 차량으로 내 짐을 장비점 앞마당으로 옮겼다.

오후에 짐이 장비점에 왔다. 얼마나 반갑던지 그를 끌어안았다. 당장 출발하고 싶지만, 아무래도 내가 먼저 가자 할 수는 없다. 모레 아침에 출발한다니 나도 짐을 따라갈 생각이다. 짐이 내게 트레일 네임을 지어 주었다. 이름하여 '소울맨(Soulman)'.

그럼피 식당에서 하이커 5명과 함께 아침 식사를 하는데 안주인인 켄드라(Kendra)의 손이 정말 크다. 파전만 한 팬케이크를 배부르게 먹고 나서도 모두에게 또 팬케이크 절반씩을 더 준다. 커피는 무료다. 장사를 하려는지 하이커들에게 무료 급식 봉사를 하려는지 모를만큼 손이 크고 인심이 아주 후하다.

한국에 가서 소개하겠다며 남편인 스콧을 비롯해 가족들의 사진을 찍었다. 켄드라의 부모가 1964년부터 이 음식점을 운영했단다. 건물 곳곳엔 고단했던 시간의 흔적이 켜켜이 묻어 있다. 아구아 둘쌔 가기 전 계곡에서 본 핸섬한 바위 스케치를 끝내고 재키에게 보여 주며 사

왼쪽부터 스콧, 켄드라, 두 아들

인해 달라고 했다. 사인을 보고 그녀의 트레일 네임이 요기(Yogi)임을
알았다.

짐이 오늘 오후에 떠난다고 해 나도 부랴부랴 짐 정리를 했다. 4시
쯤 승용차가 오더니 짐이 말없이 승차한다. 짐에게 나도 같이 가고 싶
다 했더니 일행이 4명이어서 안 된다고 한다. 가타부타 한마디 없이
그냥 가 버렸다. 제리에게 함께 출발하자고 했지만, 이 친구는 좀 더
휴식 후 가겠단다. 나도 5시쯤 출발하고 싶으니 픽업을 해 달라고 재
키에게 부탁했다.

어차피 혼자 가는 길이다. 걷다가 보면 자연스레 짐을 만나고 그의
도움을 받을 수 있으리라. 설마 그가 날 내치진 않을 테지. 재키의 차
를 얻어 타고 PCT 입구에 도착, 마음을 단단히 먹고 출발 준비를 한
다. 달빛이 환하고 구름이 없을 경우 4시간 이상을 걸을 수 있으리라.

짐을 뒤쫓으려 재게 걷다

가벼운 신발을 고른다고 어프로치화 격인 라스포르티바를 골랐다. 하지만 누가 알았으랴, 난 이 신발 때문에 시에라 구간 내내 엄청난 고생을 하게 될 줄을. 경쾌한 발걸음은 몸과 맘을 가볍게 한다. 비록 PCT 길 중 제일 험하고 힘든 구간이라 얼마간 두려움이 일지만, 설레는 맘도 생긴다. 오후 5시 넘어 시작한 터라 7km를 걷고는 운행을 멈췄다. 아무래도 일찍 자고 새벽같이 일어나 운행을 해야 짐을 만날 수 있으리라.

앱을 보니 앞으론 물 걱정을 할 필요가 없다. 남부 캘리포니아 구간에서 물 때문에 고생을 많이 했지만, 산이 높으면 골이 깊고, 골이 깊다면 작은 물줄기들이 많지 않겠는가. 계곡이 지천이다. 물 걱정만 없어도 걷기에 매진할 수 있다. 재키는 하루에 10마일쯤 걸으라 했지만, 난 서두르지 않고 길의 환경이나 상황을 잘 파악해, 여의치 못할 경우 하이커들이 올 때까지 기다렸다가 그들을 뒤따라가는 전략을 택할 생각이다. 해서 내일 일찌감치 출발해 자연스럽게 짐 일행과 합류해야 한다. 그간 쌓은 정이 있는데, 짐은 날 두고 갈 만큼 그리 매정한 사람은 아니다. 확신한다.

텐트에서 30m쯤 떨어진 곳에 곰통을 놓았다. 곰이 설사 이 통을 발견한다 해도 절대로 통을 열 수가 없다. 이중 잠금이 돼 있어 이리

굴리고 저리 굴리며 밤새 통과 씨름하다가 결국은 날이 샐 테고 곰은 아무런 소득 없이 체력만 소모하다가 투덜대며 자기 집으로 돌아가 겠지.

새벽에 잠을 깨 하늘을 보니 달빛이 대지에까지 미치며 가로등 불빛처럼 사방이 환하다. 불빛 없이 얼마든지 걸어갈 수 있을 듯하다. 새벽녘에 일어나 모든 준비를 마치고 5시가 채 되기도 전에 출발을 한다.

곰통은 밤새 안녕했다. 어느 지점엘 가야 곰을 만날 수 있을는지 걱정 반 기대 반이다. 곰을 만나면 그 자리에서 죽은 척을 해야 할지 나무 위로 기어 올라가야할지 선택의 기로에 놓이겠지만.

멀리 흰 눈을 머리에 인 봉우리들이 보인다. 부디 저 봉우리가 PCT 길 쪽이 아니길! 커다란 나무다리를 건너니 어제 오후 나보다 먼저 출발한 두 친구가 짐을 싸고 있다. 잠시 다리 밑에서 쉬던 중, 아주 희한한 광경을 본다. 나무다리 밑 천장에 수많은 둥지들이 있고 수백 마리의 새들이 바삐 들고난다. 포식자로 생각했는지 새들 마을에 야단이 났다. 떼로 몰려다니며 다리 주변을 크게 한 바퀴 돌고는 다시 자기집에 들어갔다가 나오는 행동을 되풀이한다. 둥지 안에 있는 새끼들을 보호하려는 본능인가? 느닷없는 불청객의 침입에 다들 놀란 듯해 괜히 미안했다.

눈에 빠진 악몽이 또다시 되살아나고

견고하게 돌을 쌓아 놓은 성처럼 보인다.

해발 2,700m쯤 오르니 눈이 보이기 시작한다. 다만, 그늘이나 햇볕이 닿지 않은 곳에서만 잔설이 띄엄띄엄 보인다. 12시경 짐 일행을 만났다.

나를 보더니 놀란다. 자연스럽게 그와 일행이 된다. 처음 만나는 해발 3천 미터. 주변은 거의 눈에 쌓여 있다. 러셀이 안 돼 있어 힘이 좋은 짐이 치고 나간다.

1시간 반 이상 눈길을 오르내린다. 눈밭에 빠져 허우적거리기도 했지만 일행들이 있어 쉽게 벗어났다. 지난번 눈밭에 오른 다리가 빠진 악몽이 되살아난다. 또다시 눈에 빠질까 두렵고 무섭다. 한 발 한 발 신중할 수밖에. 이 길을 먼저 간 하이커들이 분명히 있었을 텐데 눈 위엔 발자국 흔적이 간헐적으로 희미하게 남아 있다.

해발 3,300m 위아래를 오르내리다 보니 체력 소모가 이만저만이 아니다. 앞사람의 발자국을 따라 조심스럽게 발을 떼지만 길이 없으니 이따금 허벅지까지 빠지곤 한다. 자칫 무릎이나 발목이 삐는 곤란을 겪을 수 있다는 생각에 몹시 신경이 쓰인다. 오란차 피크(Olancha Peak) 주변 구간을 넘는 데 아주 애를 먹었다. 6시 반에 운행을 멈췄고, 시작부터 약 14시간 동안 36km를 걸었다.

캠핑 사이트에 도착을 하니 몸은 흐느적이는 파김치다. 오늘 하루 짐의 보호 우산 속에 있었기에 그나마 여기까지 왔다. 혼자였다면 큰 낭패를 겪었으리라.

사이트 옆엔 큰 늪이 있어 맹꽁이나 개구리 울음 소리가 천지를 진동시킨다. 서식지인 듯한데 거짓말 조금 보태 수만 마리가 동시에 우는 소리다. 시에라에서 보내는 두 번째 날이 밤하늘의 은하수를 타고 함께 흐르고 있다.

네가 걱정돼

조형 예술품이라고 해도 하나 손색이 없다.

짐과 일행들이 먼저 출발을 한다. 그들에게 뒤질세라 나 또한 바삐 걸음을 재촉한다. 엊저녁엔 정말 젓가락 들 힘조차 없었지만 일찍 잠을 청해서 그런지 컨디션이 아주 좋다. 발걸음도 가볍다. 해발이 낮아져서인지 햇볕이 아주 따갑다. 오늘만이라도 해가 쨍쨍 내리쫴 저 봉우리 눈들을 10cm라도 녹이면 좋겠다.

시에라의 지형은 동고서저다. 동쪽은 깎아지른 절벽이요 서쪽은 완만한 경사다. 나무가 많고 그늘진 곳이면 눈이 수북이 쌓여 있다. 오늘도 오르내리막이 여전하다. 눈만 없다면 더없이 아름답고 기가 막힌 길일 테지만 눈이 쌓여 있다면 얘긴 달라진다. 난이도로 치자면 5.8에서 5.12로 바뀐다고 할 수 있을 만큼.

일행들과 떨어지지 않으려 노심초사. 친구들을 놓칠 경우 난 조난을 당할 수도 있다는 두려움으로 티가 나지 않을 정도로 따라가고 있다. 이틀간 눈을 만나고 보니 이젠 눈이 정말 무섭다. 오를수록 눈은 더 많이 쌓여 있고, 오로지 일행들의 깊숙한 발자국만 보인다. 경사가 더욱 심해지면서 체력이 고갈된다. 더 올랐다가는 캠핑조차 곤란하다. 나무 밑동 옆 경사가 완만한 곳에 텐트 한 동 겨우 욱여넣을 수 있는 터가 있다.

일행들은 어디로 갔는지 어디에 있는지 알 수가 없다. 텐트를 치고 크래커에 땅콩버터를 발라 물과 함께 먹는다. 숟가락으로 그라놀라(Granola)도 입에 욱여넣는다. 춥고 지쳐 언감생심 뭘 끓여 먹거나 익히고 자시고 할 여유가 없다. 사흘쯤 더 가면 인디펜던스(Independence)로 탈출할 수 있다. 문명 세계에 들러 음식을 보급해야 하고 휴식도 취해야 한다.

다만, 탈출 전 휘트니산과 포레스터 패스가 도사리고 있어 여길 무사히 넘는 일이 관건이다. 이 고개를 넘으면 계속 내리막이어서 쉽게 탈출할 수 있다. 하지만, 길에 쌓인 눈의 깊이로 보건대 휘트니산을 오르긴 어려울 듯하다. 이 산은 PCT 길에서 약 13km 떨어져 있

　　　　　　　　　　4,318km 꿈의 트레일

다. 눈이 없다면 이른 새벽에 출발해 정상을 찍고 돌아오는데 무리가 없다. 하지만 미리 포기하고 싶진 않다. 옆에 일행들이 있으므로. 그렇지만, 난 이 산을 오르려 여기에 오지 않았고 여건이 여의치 않으면 쿨하게 지나갈 생각이다. 내 안전과 무사가 제일이다.

해 뜨기 전에 일어나 보니 구름 한 점 없이 맑다. 오늘도 날이 도와준다. 다친 오른쪽 무릎 뼈가 왼쪽으로 툭 튀어나왔다. 그제와 어제 여러 번 눈 속에 빠졌고 그로 인해 무릎이 크고 작은 충격을 받았으리라. 통증은 없지만 유난히 튀어나와 괜히 신경이 쓰인다. 무릇 인간의 몸은 자기 회복 능력이 있으므로 시간이 흐르면 원래대로 돌아오겠지.

6시가 채 되기 전 출발을 하는데 발자국을 따라 가다 보니 내려간다. 저 아래에 짐 일행이 출발 준비를 한다. 짐이 나를 알아보고는 뭐라고 한다. 올라가라는 뜻으로 알고 계속 올라도 짐이 보이질 않는다. 곰곰이 생각해 보니 내가 잘못 알아들은 듯했다. 그는 분명히 "Down here"라고 했다. 난 '우린 어제 이곳으로 내려왔어.'로 오해를 했다. 부리나케 내려가니 역시 그들의 발자국이 선명하다. 소 방목하는 지대를 가로질러 우회하면서 안부에 다다르니 짐 일행이 쉬고 있다. 짐이 내게 말한다. "오늘 록 크릭(Rock Creek)에서 캠핑할 거야." "오케이." "그런데 일행들이 모두 소울맨을 걱정해. 포레스터 패스를 오르려면 얼음판이라 아이스 엑스(Ice Axe)가 필요한데!" 지금에 와서 어쩌란 말인가. 다시 내려가서 가져올 수는 없는 노릇 아닌가. 그냥 침묵했다.

곰이 횡재할 찬스였는데

오전 내내 짐이 도맡아 러셀을 한다. 도대체 그의 체력 한계는 어디까진가. 시에라는 공평했다. 햇볕이 많이 드는 곳은 맨땅이요, 빽빽한 숲과 그늘엔 여지없이 눈이 2~3m나 앉아 있다. 고개를 넘기 전엔 눈이 많고 넘으면 눈이 거의 없다. 해발 3천 미터 이상 되는 곳곳엔 길을 막은 눈 때문에 운행이 아주 더뎠다. 눈을 헤쳐 가느라 체력 소모가 심하다. 체력이 좋은 짐이 계속 러셀을 하며 대장 노릇을 한다. 잠실 운동장만큼의 평평한 텐트 사이트에 짐을 푼다. 시에라 구간 89.6km를 걸었다. 개울엔 눈 녹은 물이 흐르고, 난 물 흐르는 소리를 자장가 삼아 두 다리 뻗어 편하게 잠을 청했다.

아침에 일어나 보니 텐트 안에 서리가 잔뜩 꼈다. 낮과 밤의 기온 차가 매우 심하다. 나무 밑동에 곰통을 놓았는데 그만 뚜껑을 잠그질 않았다. 어젯밤 곰이 근처에 왔더라면 이게 웬 떡이냐 횡재를 했을 텐데. 내 곰통 안엔 녀석들이 좋아하는 음식들이 잔뜩 있고, 뚜껑까지 열려 있겠다 소리 소문 없이 그냥 가져가기만 하면 되는데. 하기야 주변엔 텐트가 네 동이나 있어 쉽게 접근하지 못했으리라. 음식물을 훔쳐서 눈밭으로 돌아가기에도 버거웠을 테고. 이래저래 곰한테는 불리한 상황이었다.

텐트를 지키고 있을 테니 안전하게 다녀와

크랙커란 친구가 제일 먼저 출발을 한다. 이내 나도 그의 뒤를 쫓는다. 급류를 건너는데 눈 녹은 물이라 몹시 차다. 추위가 살을 에듯 찬 물도 살을 엔다. 물살이 빠르지만 무릎까지만 찬다. 히말라야 흰 산을 오르듯 엄청난 눈을 파헤치며 고개에 올랐고 가파른 내리막에선 앉아서 미끄럼을 탔다.

개울 옆에서 잠시 쉬던 중 배낭을 살피니 배낭 옆구리에 있던 텐트 폴 주머니가 보이질 않는다. 오던 길을 되짚어 뛰어올라갔다. 주머니는 줍는 사람이 임자라는 듯 눈 속에 얌전히 박혀 있다. 2시쯤 휘트니 산 등산로 들머리 야영장에서 운행을 멈춘다. 함께 온 6명의 친구들은 내일 새벽에 올라 산 정상을 찍고 내려오겠다고 한다. 나 또한 같이 갈 수 있느냐며 짐에게 몇 차례 얘길 했었다.

텐트를 치고 나니 짐이 날 부르고는 개울 건너 텐트 있는 곳으로 데려간다. 여성 두 명이 날 반갑게 맞는다. 낯이 익다. 지난 4월 16일에 만난 뉴질랜드 여성들인 지나(Gina)와 페니(Penny). 지나가 내게 휘트니산 등반의 어려움을 설명한다. 크램폰이 없고 더군다나 필수 장비인 아이스 엑스조차 없어 등반이 곤란하단 얘기였다. 해서 자기도 올라갈 수 없단다. 말하자면, 짐은 이 여성의 입을 통해 나로 하여금 포기를 하란 간접 경고를 한 셈이다.

더 따질 일이 아니다 싶어 "난 내일 텐트를 지키고 있을게. 난 안 올라가. 안전하게 잘 다녀와." 나는 PCT를 걷기 위해 여기 왔지, 휘트니를 오르려 오진 않았다. 나중을 위해서라도 짐의 의도에 맞장구를 쳐줘야지, 괜한 일로 그의 심기를 불편하게 해선 안 된다. "몇 시에 올라서 언제 내려와?" "새벽 2시 출발, 오후 4~5시쯤 하산해. 곰통을 철제 박스에 넣고, 최소한의 장비만 가져갈 거야." 주변에 철제 음식물 보관 박스가 있다. 해발 3천 미터쯤 되니 이곳에도 곰이 출현하나 보다. 하지만 수백 마리의 곰이 와도 저 철제 박스를 열 수가 없다. 차라리 텐트를 습격해 남은 음식이나마 가져가는 편이 더 쉽다.

휘트니산을 스케치하다

포레스터 패스를 넘는 일만 생각하자 했다. 포레스터 패스를 넘게 되면 시에라 1차 난관을 극복한다. 이후엔 오직 홀로 헤쳐 나갈 수밖에 없다. 매번 이들의 도움을 받을 순 없다. 누가 좋아하겠는가. 포레스터 패스 넘기도 쉽지 않아 보인다. 짐은 내게 계속 이런 말을 했다. "소울맨도 아이스 엑스가 있어야 넘을 수 있어. 다른 친구들이 걱정을 많이 해." 그렇다고 날 버리고 자기네끼리만 간다고 생각진 않는다. 적어도 산사람들은 그렇게 매정하지 않다.

위쪽 흰 능선이 휘트니산으로 이어진다.

눈을 헤쳐 오느라 예상보다 시간이 많이 걸려 음식이 부족하다. 오늘 내일은 운행을 하지 않으니 음식물 섭취를 최소화해 평상시의 절반으로 줄여야 한다. 곰통을 아예 철제 박스에 넣어 버렸다. 견물생심이라고 눈에 보이면 먹기 마련 아닌가. 만약 포레스터 패스를 넘지 못할 경우 어떻게 할지도 고민해야 한다. 탈출로가 있어 보이지 않는다. 짐은 알고 있을까? 다시 케네디 메도우즈로 되돌아갈 순 없다. 시에라 구간을 뛰어넘는 경우도 생각해 봤지만 그래도 돌아가야 가능하기에 이 또한 불가능하다.

숟가락을 이용해 크래커에 땅콩버터를 발라 먹고 버터 병뚜껑 위에 올려놓았다. 계곡 물을 떠오고 나서 보니 숟가락이 보이질 않는다. 버터 병 옆엔 쌀알 3배쯤 되는 까만 배설물이 2개가 있다. 배설물에서 독한 지린내가 난다. 어떤 녀석이 달착지근한 냄새를 맡고는 숟가락을 통째로 가져갔음에 틀림없다. 아무도 없으니 가져가기에 얼마나 수월했을까. 텐트 주변을 샅샅이 훑어보았고 다행히 쓰러진 나무 밑에 숟가락이 보였다. 숟가락은 깨끗했다. 깔끔하게 핥아 먹었다. 주변에 사는 크고 작은 동물들의 삶도 그리 녹록지 않은 모양이다.

이상국 시인의 「있는 힘을 다해」라는 짧은 시가 있다. "해가 지는데 / 왜가리 한 마리 / 물속을 들여다보고 있다 // 저녁 자시러 나온 것 같은데 // 그 우아한 목을 길게 빼고 / 아주 오래 숨을 죽였다가 / 가끔 / 있는 힘을 다해 / 물속에 머릴 처박는 걸 보면 // 사는 게 다 쉬운 일이 아닌 모양이다"

짐과 크랙커, 남녀 친구들, 뉴질랜드 여성 페니 등 5명은 새벽부터 부산하다. 잠깐 잠이 깼고 잘 다녀오라 얘기라도 하고 싶었는데 그만 잠이 들어 버렸다. 일찌감치 일어나 주변을 어슬렁인다. 크랩 트리 스테이션(Crab Tree Station) 집과 멀리 보이는 휘트니산도 스케치했다. 지나에게 보여 주니 "very good!" 립 서비스다. 내가 봐도 초등학생 수준인데.

지나도 나처럼 인디펜던스로 탈출해서 휴식을 취하고 복귀한단다. 탈출해서는 택시를 불러야 하고 2명만 탈 수 있단다. 비용은 60불. 좋은 정보다. 지나는 장비를 골고루 갖췄다. 강을 건널 때 필요하다며 방수팩을 여러 개 보여 준다. 지나는 말한다. "강을 건널 때나 눈길을 걸을 때는 아침에 해야 돼. 아침엔 강의 깊이가 1m쯤 낮아지고 눈은 밤새 얼어서 딱딱해져 발이 빠지질 않거든." 산꾼답게 매사에 치밀한 산(山) 지식을 가졌다. 시에라 구간은 예측 못할 변수가 많다. 강물이 불어 급류가 형성되거나 헤엄쳐 건너야만 할 때도 있다.

I can do it

12시 넘어 크랙커가 혼자 내려왔다. "어느 능선에서 갈 수 없을 만큼 위험해 포기했어. 포레스터 패스를 넘을 자신도 없어. 난 케네디 메도우즈로 돌아갈 거야. 쪽지 한 장만 줘.” 뭐라고 쓰더니 짐에게 전해 주라며 내게 건넨다. ‘자신은 돌아가니 어느 지점에 가면 전화해줘.’ 뭐 이런 내용이었다. 덩치가 있고 체력도 좋아 보이는데, 소심함? 안전주의자? 코튼우드 패스(Cottonwood pass)로 간다며 크랙커는 떠났다.

갑자기 나도 덜컥 겁이 난다. 지금 이 시기에 시에라 구간은 걷기에 최악인 상황이다. 한가하게 자연을 즐기며 안전하게 걷기는커녕 눈과 싸움을 벌여야 한다. 하지만, 난 돌아갈 수 없다. 어떻게든 이 구간을 안전하게 넘어야 한다. 오후 2시 넘어서 짐 일행이 도착했다. 짐이 자신의 폰 사진을 보여 주며 정상에 다녀왔음을 알려 준다. 그가 말한다. “아이스 엑스가 꼭 필요했어.”

해가 서쪽으로 기울 무렵 짐이 나를 부르더니 “소울맨, 케네디 메도우즈로 돌아가. 포레스터 패스를 오르려면 직선으로 치고 올라야 해. 스위치백으로는 오를 수가 없어. 그러려면 크램폰과 아이스 엑스가 꼭 필요해. 소울맨이 추락하면 나는 SOS 신호를 보낼 수 없고, 다른 친구들도 소울맨을 도울 수가 없어.”라며 아주 절망적인 표정을 짓는다. 15분 후에 다시 오더니 “우린 내일 새벽 2시에 출발하니 갈지 말지 결정해.” 돌아가란 얘긴 나더러 혼자 죽으란 말과 같다. 조금 후에 짐이 다시 말한다. “셰퍼드 트레일(Shepherd Trail)로 탈출하면 돼.”

그의 말을 듣고 난 후 난 일말의 망설임 없이 말했다. “나는 패스를 넘을 거야, 난 할 수 있어. I can do it!” 당황스러운 듯 짐은 알았다며 내일 새벽 2시에 출발한단다. 고개를 절레절레 흔들면서 자기 텐트로 돌아간다. '고집불통이구만.'이라는 듯. 시계 알람을 내일 새벽 1시로 맞췄다.

아! 이번엔 왼쪽 무릎이 심하게 비틀리고

새벽 두 시 전에 기상, 출발 준비를 모두 마쳤다. 남녀 친구들 2명은 벌써 떠났는지 텐트가 보이질 않는다. 해발이 점점 높아지면서 주변엔 온통 눈과 급류, 호수뿐이다. 쉬는 동안 짐이 내게 말한다. "경사가 45도쯤 되고, 킥 방식으로 100미터를 직선으로 오른 다음, 길을 따라 스위치백으로 이동할 거야." "잘 알았어."

급류를 건너려고 물속을 탐색한다. 무릎 정도의 깊이다. 신발과 양말을 벗는다. 왼 다리를 접고 오른 다리를 물속으로 밀어 넣는데 발끝이 물에 닿지 않아 조금 더 내미는 찰나, 왼쪽 무릎이 비틀리며 '삑' 소리가 난다. 순식간에 생긴 충격이었다. 급류를 건너자마자 통증이 온다. 다리를 절뚝거리지 않으려 조심조심 걷는다. 짐이 알게 되면 난 여기서 끝장이다 싶어 아픈 티를 내지 않았다. 경험했다시피 크게 삔 경우 다음 날이 더 큰 문제다. 붓고 통증이 와 운행에 큰 차질을 빚는다. 오늘 포레스터 패스(Forester Pass)를 넘는다면 별문제가 되진 않

포레스터 패스 아래 해발 3,600m에서 야영. 짐이 얼기설기 돌을 쌓았다.

겠지만 내일엔 내 상황을 예견할 수가 없다. PCT상 가장 높은 곳을 오르기에 앞서 엎친 데 덮친 격이라 걸으면서 별의별 생각을 다한다. '무릎아, 통증이 심하더라도 내일만큼은 제발 참아 달라.'

　포레스터 패스를 정면에서 바라보며 한데[6]에서 비박을 한다. 해발 3,600미터. 리모델링 전문인 짐이 주변의 돌을 그러모아 돌담을 쌓는다. 얼기설기 쌓아 놓은 모양이 흡사 제주도 돌담 같다. 바람이 심하게 부는데 엉성한 돌담이 바람막이 역할을 톡톡히 한다. 참 신기할 정도다. 제이콥과 까멜라, 지나와 페니 등 총 6명이 주변에 텐트를 친다. 정상 공격은 내일 새벽이다. 밤새 추위로 눈이 단단히 다져질 테고, 마이크로 스파이크의 앞날이 눈 속에 박혀 미끄러질 염려는 없으리라.

---

6 한데: 사방, 상하를 덮거나 가리지 아니한 곳.

운행 69일째 PCT상 최고 높이를 오르다

5월 19일 수요일 5시 전에 일어나 출발 준비. 아파 오기 시작한 통증과 텐트를 날려 버릴 듯한 바람으로 밤새 거의 뜬눈으로 보냈다. 우려하던 대로 무릎을 움직일 때마다 욱신거리며 제대로 발을 디딜 수가 없다. 오르지 않으면 결코 한 발짝도 되돌릴 수 없다. 이를 악물고 서너 시간만 버티자.

타이레놀 한 알 먹고 출발. 다른 친구들은 이미 설벽에 붙어 오르고 있다. 짐이 내 앞에서 오르고 난 마지막 순서다. 동이 트기 전 눈 사면에 첫발을 떼었다. 예상한 대로 앞선 친구들이 신발이 다 들어갈 만큼 깊게 발자국을 만들어 놓았다. 알파인 스틱으로 중심을 잡으며 한 발 한 발 조심스럽게 오른다. 설벽을 지나니 지그재그 길이 눈 속에 드러나 있다. 수월하다.

횡단하는 경우가 가장 위험했다. 신발 폭 정도의 눈길에 헛디디거나 미끄러질 경우 200m 이상 되는 사면으로 구르게 된다. 눈 비탈을 구르는 재미가 쏠쏠하겠지만 난 정말이지 그렇게 하고 싶지 않다. 스틱을 깊이 박고 중심을 잡은 다음 천천히 움직였다. 긴장을 했는지 무릎 통증조차 잊었다.

7시 20분. 해발 4,023m를 알리는 포레스트 패스 표지판이 견고하게 바위에 박혀 있다. 짐과 증명사진을 찍었다. 어제 오후부터 내게

움푹 파인 부분이 포레스터 패스. 오른쪽 사면을 치고 오르면 지그재그 길로 연결된다.

PCT상 가장 높은 포레스터 패스. 오른쪽이 짐

말 한마디 건네지 않았던 그가 웃음을 머금으며 내게 이런 말을 한다. "크레이지 초이(Crazy Choi)." '미치지 않고서야 달랑 마이크로 스파이크와 알파인 스틱으로 이런 위험한 설벽을 어떻게 오르느냐?'는 뜻? 그냥 웃기만 했다. 어떤 이름을 붙여 주건 난 상관없다. PCT상 최고 높이를 올랐으니.

식물이 자랄 수 없는 높이다 보니 온통 눈 천지에다가 뾰족한 봉우리가 사방에 자리 잡고 있다. 내가 물었다. "오늘 인디펜던스 (Independence)로 탈출해?" "아니, 키어사지 패스 트레일(Kearsarge Pass Trail) 쪽으로 가면서 야영하고 내일 인디펜던스로 내려갈 거야." "알았어."

기약 없이 짐과 헤어지다

PCT상에서 벗어난 벌프록 레이크 트레일(Bullfrog Lake Trail)상에서 짐을 풀었다. 따뜻한 햇살이 소담스럽게 대지에 내려앉아 몸과 맘이 아주 편하다. 배낭에 있던 과자나 오트밀, 땅콩버터, 가공 참치 등으로 이른 저녁을 먹었다. 뒷일을 하는데 무릎을 굽히는 자세가 엄청난 통증을 유발한다. 하여 오른쪽 다리를 펼 수밖에 없는 이상한 자세로 작업을 한다. 죽을 맛이다.

진통제 한 알을 먹고 일찌감치 침낭 속으로 들어갔다. 내일 인디펜던스로 하산해서 할 일을 따져 본다. 아내에게 전화하기, 마켓 확인, 등산 장비점이 있는지 확인해 방수팩 몇 개 사기, 종류별 오트밀, 그라놀라 2봉지, 땅콩버터, 비스킷, 클리프바, 견과류, 참치, 샌드위치 빵 등등 10일 치 식단 준비. 식단을 완성하기도 전 까무룩 잠이 든다.

구름 한 점 없는 맑은 날, 키어사지 패스를 넘는다. 여기도 해발 3,593m라 주변 풍광이 황홀할 만큼 장관을 이룬다. 따사로운 봄볕 아래 맘껏 느긋하게 길을 걷는다. 어니언 밸리(Onion Valley)에 도착했다. 느닷없이 짐이 내게 묻는다. "혹시 여기서 탈 수 있는 택시 전화번호 저장했어?" "아니." 이 친구의 표정이 일그러지며 고개를 절레절레 흔든다. '내가 너를 위해 이렇게까지 신경을 써 여기까지 왔으면 너라도 뭔가를 해야 하지 않아?' 이런 표정이었다. 주눅이 들어 아무런 대꾸를 하지 못했다. 짐은 한참을 여기저기에다가 전화를 하더니 "60달러니까 30달러씩 내야 돼." "알았어."

승합차가 왔고 인디펜던스가 아닌 론 파인(Lone Pine)으로 간단다. 차 안에서 짐에게 말했다. "짐, 고마워서 점심이라도 사고 싶어." "식량을 준비하자마자 바로 복귀를 해야 하기에 시간이 안 돼." 헤어지기 전 나는 다시 한 번 "그동안 네가 도와줘 진심으로 고마워." 하며 90도 인사를 했다. 짐도 내게 똑같이 인사를 한다. 9일 동안 그렇게 도움을 준 짐과 기약 없이 헤어졌다.

론 파인에서 달콤한 휴식을 취하고

시에라 구간을 걷는 하이커들에게 유료로 교통 편의를 제공하는 커츠(Kurtz) 씨가 론 파인에 있는 포터블 모텔(portal Motel)을 소개해 줘 이틀간 예약을 했다. 짐을 풀자마자 마트에 가 최소 8일간 먹을 식량을 준비했다. 인근에 장비점도 있어 방수팩도 마련했다. 짐을 싸고 보니 어깨가 눌러앉을 만큼 무겁다.

남은 시에라 구간은 183km. 앞으로도 여러 난관이 기다리고 있을 테지만, 정말 걱정스런 점 하나는 강을 건너는 일이다. 지금 눈이 한창 녹고 있는 중이라 흐르는 물이 많아 급류를 형성하고 있다. 허벅지 정도야 얼마든지 건널 수 있는 깊이다. 하지만, 수심이 깊어져 헤엄쳐 건넜다는 한국인 친구의 얘길 들은 적이 있다. 다만, 아침 일찍 건널 경우 물의 깊이가 줄어들므로 될 수 있으면 상류 쪽으로 올라서 건너야 보다 안전하다. 또 앞으로 걸을 8일간에는 글랜 패스(Glen Pass, 해발 3,642m), 핀초트 패스(Pinchot pass, 해발 3,690m), 마더 패스(Mother Pass, 해발 3,686m), 뮤어 패스(Muir Pass, 해발 3,648m) 등 높은 고개가 수두룩하다. 눈으로 뒤덮여 있을 게 뻔하다. 어떻게 보면 포레스터 패스보다 더 위험한 구간일 수 있다. 혼자서 헤치고 나가야 하는데 이 또한 쉽지 않다. 첩첩산중이요, 설상가상이요, 전호후랑이요, 갈수록 태산이다. 그렇다고 멈출 수는 없다. 다만 나아갈 뿐.

지나와 페니, 나 함께 동행하다

우연히 만난 중국 음식점. 주 메뉴와 부 메뉴를 내주는데 가성비가 아주 높다. 밥, 국수, 튀김, 새우, 콩잎… 일 인분에 두 사람 분을 내준다. 조그마한 동네를 빙 둘러본다. 론 파인은 휘트니산 정상에 오르기 위한 전초 기지라 할 수 있다. 장비점이 여럿 보이고 휘트니산 트레일 입구까지 운행하는 택시들도 보인다. 어제 나를 태워 준 커츠 씨도 이 일을 한다. 론 파인에서 휘트니산 정상을 볼 수 있다. 후에 휘트니산을 오를 기회가 생길 경우 이곳으로 와야 하지 않을까. 다음 주 일기예보를 보니 4일 후 비가 올 확률이 60%. 산중에선 눈으로 바뀔 텐데. 인디펜던스에서 동행할 하이커들이 나타나면 좋겠다. 배낭을 꾸리니 엄청나게 무겁다.

아내에게 전화해 앞으로 8일~10일 후에 매머드 호수(Mammoth Lakes)에 도착할 테니 무사 운행을 기원해 달라고 전했다. 어젯밤에 만든 식빵+아보카도+땅콩버터와 우유로 아침 식사 후 출발 준비를 마치니 커츠 씨가 정확하게 8시 모텔 앞에 차를 댄다. 차 안엔 반가운 사람들이 앉아 있다. 뉴질랜드에서 온 지나와 페니, 미국인 데니. 또 길동무가 생겼다. 함께 운행할 친구가 있다는 사실은 마음에 큰 위안을 준다. 이들과 매머드 호수까지 동행하기로 했다. 어니언 밸리 입구에서 5명이 함께 사진을 찍었다. 지나와 페니 사진을 몇 컷 찍었다.

　　　　　　　　　　　　　4,318km 꿈의 트레일

왼쪽부터 커츠, 데니, 페니, 지나, 필자

키어사지 패스에서 본 산군

사진은 친구 한둘쯤 사귀기에 좋은 매개다.

이틀 전보다 눈이 많이 녹았다. 배낭이 제법 무겁지만 희한하게도 무게를 느끼질 못한다. 키어사지 패스를 힘들이지 않고 올랐다. 크고 작은 골마다 눈 녹은 물이 흐른다. 티 없이 맑다. 내 영혼도 저렇게 맑게 흐르게 할 수 있을까. 눈이 정말 빠르게 녹고 있다. 화요일에 비가 온다 하니 눈을 죄다 쓸어 가면 좋겠다. 해서 하루나 이틀 후엔 온 산의 눈이 모두 녹아서 PCT 길이 온전하게 드러나면 좋겠다.

입구에서 11.7km를 가면 키어사지 트레일과 PCT 길이 만난다. 동행하는 미국 친구 데니가 계속 앞장을 서며 길을 인도한다. 모두 내일 새벽 일찌감치 출발하는 게 좋겠단 의견이어서 오후 3시 15분, 지금껏 제일 이른 시간에 운행을 멈췄다. 페니의 의견을 들어 내일 아침 5시에 출발하기로 한다.

눈이 멈추기만을 기다리며

지나와 페니는 새벽 4시 반에 출발을 한다. 동이 트면 눈이 녹기 시작하므로 눈이 다져진 새벽을 이용해 높은 고개를 넘는다. 해가 뜰 무렵 글랜 패스를 넘었다. 내리막은 45도 경사에 눈주름이 많아 운행 속도가 빠르다. 하산하는 지나와 페니의 뒷모습을 여러 컷 카메라에 담

앗다. 그들에게 더없는 선물이 되지 않을까 싶다. 장면만으로는 어느 설산 못잖게 감탄할 만큼 멋진 그림이 된다. 사진을 보여 줬더니 바로 메일로 보내 달라고 한다.

눈이 많고 높은 곳을 오르는데 동트기 전에 시작한 점은 탁월해 보였다. 해가 뜨면 눈이 녹기 시작하고, 푹푹 빠지는 통에 걷기가 힘들어진다. 라에 레이크(Rae Lake) 주변 길이 참으로 아름답다. 얼음 때문에 물속을 볼 수 없음에 아쉬움만 남는다. 오후부터 바람이 불기 시작하더니 눈을 잔뜩 머금은 먹구름이 해를 가린다. 바람이 점점 세지고 눈발이 날린다.

지나가 자신의 폰을 내게 보여 주는데, 오늘 오후부터 강풍에 눈이 내리고 10cm 이상 쌓인다는 예보다. 지나가 또 이런 말을 한다. "내일 핀초트 패스를 넘다가는 우리 모두 바람에 날아갈 수 있어. 어쩌면 날이 좋아질 때까지 여기서 이틀쯤 머물 수도 있어. 그러니 도움이 필요하면 우리에게 말해!" "고마워, 지나." 동행한 지 이틀밖에 지나지 않았지만 지나는 내게 여러 요소들을 챙겨 준다. 자상할 만큼.

눈이 오고 바람이 불면 운행에 최악이다. 더욱이 눈이 길을 덮는 바람에 앱을 보며 길을 찾아야 해서 그만큼 운행이 더디고 시간만 소모된다. 그러니, 악천후엔 그저 잠시 멈춤이 최고다. 잠을 청했지만 바람의 기세가 점점 더 세지며 흡사 태풍 소리처럼 들려 오히려 정신만 또렷해진다. 왼쪽 무릎의 통증이 아직도 남아 있어 잠자리 자세를 마음대로 가질 수가 없다.

내 신체 부위를 잠시 점검해 본다. 왼쪽 어깨가 잘 올라가지 않는다. 왼쪽 팔 덕(?)에 팔굽혀 펴기도 10개를 채우지 못한다. 오른쪽 팔과 확연히 차이가 난다. 왼쪽 손을 배에 대고 힘을 줬지만 팔에 힘을 전혀 쓸 수가 없다. 오십견? 아니면 회전근개 파열? 오른쪽 무릎도 약하게 통증이 온다. 이러다가 내 몸에 뭔 사달이 나도 나지 않을까 저어된다. 참 가지가지다. 침낭 속에 있다고 다 잠이 오는 건 아니다.

VVR로 갈 거야

지나가 내 텐트를 두드린다. "내일 일기예보를 보고 가능하면 7시~7시 반에 출발할 거야. 초이도 우리와 함께 가야 해." "물론이지." 지나는 실시간으로 정보를 얻나 보다. 인공위성에서 직접 받는 정보가 있나? 소변을 보러 텐트 밖으로 나갔더니 암흑천지다. 매일 밤마다 은하수를 보곤 했는데 별은커녕 바로 앞도 보이질 않는다. 강하게 부는 바람 소리가 하늘에서부터 내 귀로 내려오면서 증폭돼 두려움으로 날 엄습한다. 자연이 인간에게 주는 경고의 소리 같다. 밤새 강풍 소리에 자다 깨다를 반복했다.

이튿날도 여전히 바람이 불고 날씨는 흐리고 눈은 흩날리고 있다. 페니가 내게 묻는다. "식량은 충분해? VVR(Vermilion Valley Resort)로 갈 계획이야. 8일쯤 잡고 있어. 오늘은 여기서 대기해." "좋아, 당신들과 함께 갈게. 함께 있어 안심이 돼, 고마워." 여전히 눈은 세차게 내리고 있다. 그나마 날이 포근해 내린 눈이 녹고 있다. 무리하게 운행할 필요는 없다. 그런 면에서 페니의 판단은 옳았다. 그녀는 등반가로서 뉴질랜드에서 등산교육 강사 일을 한단다. 눈 사면을 오르는 그녀의 행동은 빈틈이 없었다.

오후에 페니가 내일 일정을 설명해 준다. "내일 6시 기상, 7시 반 출발, 무척 추워. 눈 속에서 종일 걸어야 해. 강도 건너야 돼, 세 사람이 함께 건너야 해." 비구름이 완전히 걷히며 햇볕이 쏟아진다. 하늘엔 흰 구름만 정처 없이 북쪽으로 흘러간다. 두 여인이 자신들의 얘길 해 준다. 페니는 전 세계 고봉들을 오르고 있다고 했고, 지나는 1년간 요트로 전 세계를 일주했다고 한다. 참 대단하고 멋진 여성들이다. 오랫동안 함께 보낸 절친 같아 보였다.

지나는, 매머드 호수에 도착하면 남편이 와 자신들을 비숍(Bishop)에 있는 게스트 하우스로 데려다준다며 같이 가자고 했다. 이메일과 전화번호를 서로 적었다. 이들 두 사람과 어디까지 갈 수 있을지 모르겠지만 당분간은 떨어질 수가 없겠다 싶다. 내일은 날이 갠다니 부지런히 걸으며 또 한 고비를 넘어야 한다. 또다시 날은 흐리고 눈발이 날린다.

혼자 시에라를 걷다가는 조난당할 수도

눈이 계속 내렸고 잠을 설쳤다. 새벽 3시, 소리 없이 내린 눈이 20cm쯤 쌓였다. 5시쯤 페니가 말한다. "오늘도 대기." 6시쯤 정정한다. "8시 출발!" 페니가 내 신발 상태를 묻더니 지퍼백 2장을 주며 양말에 덧신으라 한다. 두 사람 모두 내게 과분하게 신경을 써 준다. 4시간 운행해 핀초트 패스에 올랐다. 북쪽은 시야가 흐릴 만큼 눈발이 세다. 길은 없어진 지 오래. 두 사람이 앱을 확인하며 길을 찾는다. 난 그저 두 사람이 남긴 발자국을 따라간다.

3시간 이상을 눈길을 헤치며 길을 잡았다. 급류를 지날 땐 신발과 양말을 벗고 건넜다. 한 번 더 눈 속에 빠지기라도 한다면 다친 무릎이 어떤 충격을 받을지 아찔한 생각에 바짝 신경을 쓰며 한 발 한 발 조심스럽게 걸었지만 숱하게 눈에 빠졌다. 양쪽 무릎에 통증이 아니 올 리 없다. 약 11.2km를 걷고 운행을 마쳤다. 9km 앞엔 마더 패스가 있고 600m 이상 치고 올라야 한다.

오늘과 같은 상황이라면 결코 만만하게 봐서는 안 된다. 길이 보인다면야 문제될 일이 없겠지만 눈이 쌓여 있다면 얘기는 180도 달라진다. 45도쯤 되는 설사면을 치고 올라야 한다. 그다음엔 또 뮤어 패스가 기다리고 있다. 산 넘어 산, 골 지나 또 골이다. 야영 준비를 마치고 나서 지나가 말한다. "내일 아침 5시 기상, 6시 15분 출발."

다소 긴장한 탓인지 5시에 저절로 눈이 떠진다. 예정한 시간대로 운행을 시작하고 앱을 통해 길을 찾아간다. 큰 통나무가 급류를 가로질러 놓여 있다. 나무가 급류 건너편으로 쓰러지면서 자연스럽게 다리가 만들어졌다. 두 사람이 계속 러셀을 하며 길을 찾는다. 만약 이들과 함께하지 못하고 혼자 운행했을 경우를 상상해 본다. 걸음은 더 딜 테고 마음이 앞서 서두르다가 길을 잃거나 급류에 빠질 수도 있으리라. 그러다가 조난으로 이어지고 난 뭔가 큰일을 당했으리라. 눈 속에서 나 혼자 시에라를 넘는 일은 불가능하다.

이 두 사람이 날 챙길 의무는 그 어디에도 없다. 그저 자신들의 갈 길만 가면 된다. 그러나 이들은 순간순간마다 내 안전을 챙겨 주며 일정을 꼼꼼하게 설명해 준다. 그들의 산정에 난 안심을 하고 또 마음이 든든해진다.

PCT에서 오르기 제일 힘들다는 마더 패스

마더 패스가 위엄 있는 기세로 가로놓여 있다. 길은 눈에 파묻혀 희미한 선으로만 드러나 있다. 왼쪽 사면을 치고 오르기로 했고 페니가 선두에 서 길을 낸다. 프렌치 테크닉 방식을 사용하며 지그재그로 길을 내며 오른다. 한참을 오른 페니의 동작이 느슨해지더니 내게 말한

마더 패스를 오르는 페니(앞쪽)와 지나. 눈 사면이 제법 가파르다.

다. "내가 많이 지쳤어. 초이가 정상까지 길을 안내해 줘." "오케이."

길 위에 덮인 눈을 두세 번 세게 차 발자국을 만들어 발 디딤을 한 후 알파인 스틱으로 중심을 잡으며 경사면을 오른다. 페니는 지나의 발동작을 하나하나 챙겨 가며 천천히 안전하게 나를 따라 오른다. 여기저기 큰 바위들이 많아 촉각을 세우지 않을 수 없다. 자칫 발이라도 헛디디면 400m쯤 아래로 굴러서 처음부터 다시 시작해야 한다.

오후 1시 넘어서 마더 패스 정상에 닿았다. 페니가 말한다. "초이, 훌륭해. 우리 두 사람을 위해 발 스텝까지 만들어 줘 좋았어. 자세도 안정됐어. 고마워." 속으로만 말했다 '나도 빙·설벽 다 경험했어. 결코 나만의 안전을 위하지 않아. 뒷사람의 안전도 생각했지.' 우리 셋은 서로의 어깨를 토닥여 주며 무사히 올랐음을 축하해 주었다. 지나가 말한다. "PCT에서 제일 힘든 곳이 이 마더 패스야."

이곳에서 보는 풍경은 순백의 설국(雪國)이었다. 사방천지가 설인들이 살고 있을는지도 모를 만큼 눈으로 덮였다. 내려갈수록 길은 확연히 드러나 발걸음에 제법 속도가 붙는다.

초이는 왜 PCT를 걸으려고 해?

쉬면서 두 사람과 얘기를 주고받았다. 지나가 말한다. "우리 둘은 비숍에 가 게스트 하우스에서 이틀쯤 쉴 생각이야. 아주 편안한 숙소야. 하루 숙박비가 25달러에 세금이 붙어. 또 비숍엔 큰 마트가 세 곳이나 있어서 음식 준비하는 데에도 문제없어." "그럼 나도 따라갈래!"

어제까지만 해도 잿빛 구름이 하늘을 온통 가리고 있었으나 오늘은 본래 파란 하늘빛으로 돌아왔다. 해발 3,000m대에서 2,000m대로 내려가니 눈이 많이 녹아 있다. 길은 뚜렷이 드러나 있고 주변은 눈을 두는 곳마다 경이로운 풍경들이 펼쳐진다. 그 기운에 내 내면의 소소하고 자질구레한 소유욕이나 탐심, 물욕이 빠져나오고 그 자리엔 조금은 소박한 이상들로 채워짐을 느낀다. 문명 세계에 돌아가서도, 티 없이 말없이 물같이 바람같이 성냄도 분노도 벗어 놓고 살라는 그런. PCT를 걸음으로써 나는 자연을 바라보는 내 인식이 조금씩 확장되고 있음을 느낀다. PCT는 그렇게 내게 다가오고 있다.

괴테는 말했다. "내가 이처럼 경이로운 여행을 함은 그 놀라움으로 나 자신을 기만하기 위해서가 아니다. 내가 보게 된 것들을 통해 나 자신을 재발견하기 위함이다."라고. 길은 남쪽으로 향해 있어 눈이 많이 녹았고, 덕분에 먼 거리를 걸었다. 내일 오전 중으로 뮤어 패스를 올라 대피소(Muir Shelter)를 지난다.

배낭 속엔 3일 치 식량이 남아 있다. 79km를 더 가야 목적지인 VVR에 다다른다. 길에 눈이 많다면 3일로는 턱도 없다. 하지만 지금은 든든한 두 사람이 내 곁에 있다. 그간 곤란하거나 어려운 상황들이 많았지만 생각지도 못한 지점에서 크고 작은 도움들을 받아 여기까지 왔다. 트레일 엔젤에서부터 차량을 태워 주던 이들, 숙소를 안내해 주던 이들, 눈밭을 함께해 준 짐…. 모두 내 여정을 도운 고마운 사람들이다. 눈에 보이는 사람들로부터 보이지 않는 존재까지도 나를 도왔다. 돌이켜 보면, 어디선가 누군가 내 발걸음 하나에서부터 움직임까지 날 지켜 주고 보호해 준다는 느낌이었다. 헤밍웨이의 소설『노인과 바다』에 이런 문장이 있다. '행운의 여신이란 여러 모습으로 찾아오는데 누가 그걸 알아볼 수 있단 말인가.' 페니와 지나는 내게 행운을 가져다준 정말 고마운 사람들이다.

페니와 지나의 텐트와 가깝게 야영 준비를 마쳤다. 지나가 내게 묻는다. "초이는 왜 PCT를 걸으려고 해?" 영어로 답하기 어려운 질문이다. "인생 버킷 리스트로, 60세가 되기 전에 꼭 걷고 싶었어." 제대로 된 답이 될 턱이 없지만 지나는 이해한다는 듯 고개를 끄덕인다.

두 사람이 자매였다니

존 뮤어 대피소에서 페니와 필자

다음 날 5시 전에 일어나 식사 준비를 한다. 해발 3천 미터가 넘는 곳이어서 바람이 몹시 세지만 날은 춥지 않다. 뮤어 패스 오르는 길은 완만해 편하게 올랐다. 존 뮤어를 기리기 위해 만든 대피소가 정상에 있다. 이 대피소는 1930년 시에라 클럽이 만들었다. 10명 이상 너끈히 쉴 수 있다. 이 구간은 존 뮤어 트레일과 겹쳐 있다. 대피소 주변은 역시 또 다른 눈의 나라, 설국이었다. 흰 눈이 쌓인 고산 어느 자락에 내가 있는 듯하다. 흰 도화지에 검은색 물감과 흰색 물감을 섞어 휙휙 붓질을 하면 바위 봉우리가 그려지고 나머지는 그냥 흰색으로 놔두면 그려지는 저 흰 산과 암벽 고봉들.

앞으론 해발 3,600m 이상 되는 길은 없다. 계속 내리막이다. 내려 갈수록 눈이 녹아 있어 운행이 빠르다. 두 사람의 관계가 궁금해 페니에게 물었다. "페니, 지나와 알고 지낸 지 얼마나 됐어?" "우리는 자매야. 내가 한 살 많은 언니고 지나는 내 동생이야. 우리 트레일 네임은 '키위 시스터즈'고 키위는 뉴질랜드를 상징하는 새야." 얼굴 생김은 같은 데가 별로 없어 난 여고 동창쯤이거나 취미가 같은 중년의 여인들이겠지 생각했었다. 의외였다. 어쩐지 페니가 지나에게 지나칠 정도로 세심하게 챙긴다 싶었다.

시에라 구간 중 물이 깊어 건너기가 가장 어렵다는 에볼루션 크릭 (Evolution Creek)을 어렵사리 건넜다. 골반까지 물에 빠지면서 젖지 않으려 살얼음판 걷듯 한 발 한 발 조심스레 이동을 했다. 그나마 상류라서 이 정도지 더 내려가면 가슴까지 빠지게 된다. 표지판에는 이렇게 쓰여 있다. '어느 높이 이상 되면 매우 위험하므로 대체 루트를 이용하라'고. 이제 이 크릭을 건넜으니 시에라 구간의 위험 요소들을 모두 지나온 셈. 해발 3천 미터 이상 남은 곳은 내일 올라야 할 셀든 패스(Selden Pass, 해발 3,326m) 하나뿐이다. 이 패스만 넘으면 VVR로 가는 평탄한 길이 이어진다. 다만, 식량이 조금 부족해 먹는 양을 좀 줄일 수밖에.

새벽에 하늘을 보니 키 큰 나무 사이로 해변의 모래보다 많은 별들이 하늘을 수놓고 있다. 오늘 운행의 전조인 듯하다. 동이 틀 무렵 운행을 시작한다. 내일이면 휴식할 수 있는 VVR에 도착할 테고 무엇보다도 실컷 먹고 싶다. 음식을 맘껏 먹을 수 있다는 생각에 발걸음이 가볍다.

여전히 그늘엔 눈이 많고 내리막엔 허벅지까지 빠지는 경우가 다반사. 어렵지 않게 S · P를 올랐다. 감흥이 별로 없다. 고개를 넘어 내려갈 땐 눈이 많다. 햇볕이 닿지 않으니 당연하지만 오늘따라 유난히 눈 속에 많이 빠졌다. 12시간 이상을 걸어 32km를 운행했다. 선크림을 바르지 않아 얼굴은 거의 검은색이고 입술 또한 햇볕에 그을려 바싹 말라 터지면서 피가 난다. 눈에 반사된 햇볕이 내 얼굴과 입술, 코를 죄다 망가뜨려 놓았다.

VVR에서 받은 융숭한 대접

오늘은 문명의 세계로 진입하는 날. 눈밭에서 구르다 10일 만에 호수 휴양지 휴게소인 VVR로 간다. 그래 봐야 낚시꾼들을 위해 휴양지에 딸려 있는 조그만 매점이지만 하이커들에겐 보급지로서 또 맛있는 음식을 사 먹을 수 있는, 사막의 오아시스와 같은 곳이다. 설렘에 일찍 일어났지만 먹을 식량이 거의 동났다. 부실한 아침 식사로 걷기가 힘들다.

지나가 내게 묻는다. "초이, 스낵 있어?" "없어. 딱 참치 팩 하나 있어." "이거 먹어." 젤리형 에너지바를 건네준다. 생각지도 못한 호의에 그저 웃음으로 고마움을 대신했다. 8일 치 식량을 준비했지만 오늘까지 10일째다 보니 배낭을 탈탈 털어 봐야 먼지만 풀썩인다. VVR로 향하는 삼거리에서 마지막 남은 참치 팩을 먹는다. 지나도 마지막이라며 참치 팩을 먹는다. 이젠 각자의 배낭에 남은 음식들이 하나도 없다.

VVR은 보기보다 규모가 크다. 매점과 음식점을 같이 운영한다. 점심으로 샌드위치와 감자, 캔 맥주, 암 꽃게탕 라면 1봉지, 코코넛, 치즈, 컴플리트 쿠키 등 닥치는 대로 먹었다. 배가 터지든 설사를 하든

PCT 길에서 VVR로 가는 길에 있는 토마스 A 에디슨 호수(Lake Thomas A Edison)

4,318km 꿈의 트레일

상관없이 마구 욱여넣었다. 관리인은 우리들에게, 잘라 놓은 통나무 단면에 글을 써 달라고 한다. 장문의 글을 썼다. 덕분에 송어 구이를 비롯해 푸짐한 저녁 식사를 즐겼다. 직원들의 친절이 눈에 띈다. 한 시간이 채 지나기도 전에 뭔가 또 먹을거리를 내준다. 반도 먹질 못했다. 많이 먹으면 탈이 나기 마련, 밤새 화장실을 두 번이나 들락거렸다.

언니의 힘은 강했다

어제 글 쓴 통나무 앞에서 관리인이 사진을 찍어 준다. VVR 홍보용 사진이란다. 댐 구경 후 보트를 타고 PCT로 복귀한다. 하루 만에 정말 많은 경험을 했다. 융숭한 대접을 받았다고 해도 과언이 아닐 만큼 직원들의 서비스는 정말 훌륭했다. 고급 호텔에서 받을 만한 그런 서비스.

24시간 만에 PCT로 복귀해 운행을 계속한다. 페니와 지나의 자매애가 여기저기서 드러난다. 페니는 지나를 업고 두 번이나 계곡을 건넜는데 한 치의 망설임 없이 바로 동생을 업었다. 피는 물보다 진하고 언니의 힘은 정말 강하다. 저토록 작고 가냘픈 체구에 어떻게 저런 강인함이 나오는지 불가사의다.

실버 패스(Silver Pass)엔 텐트 사이트가 있다. 해발 3,332m임에도 영상 6도다. 바람 한 점 없어 텐트 안은 훈훈하다. 고쟁이 바지를 입고 사진을 찍었다. 깊은 밤 구름 한 점 없는 하늘에 은하수가 선명하게 흰 띠를 이루며 흡사 안개나 희미한 구름처럼 길게 이어져 있다. 북두칠성과 북극성이 유난히 선명하게 보인다. 저 반짝이는 별빛이 내 눈에 닿는 시간은 얼마나 될까. 그 시간과 거리를 내가 측정할 수 있을까. 저 수많은 별들의 빈틈없는 운행 질서야말로 경이롭고 황홀하지 않은가! 내가 이렇게 높은 곳에서 이런 황홀한 축복을 받아도 되는 건가.

임마누엘 칸트의 묘비엔 이런 글이 새겨져 있다. '생각할수록, 날이 갈수록 내 가슴을 경이로움과 존경심으로 가득 채워 주는 두 가지가 있다. 그것은 밤하늘의 반짝이는 별과 내 마음속 도덕률이다.' 도덕률

이야 내겐 턱도 없지만 밤하늘의 반짝이는 별만큼은 나도 철학자 칸트 못잖다. 경이로운 이 밤의 향연을 사진에 담고 싶었으나 눈으로만 보게 되어 아쉽다. 저녁을 먹고 난 후 페니가 내게 말했다. "나중에 초이 아내에게 전화할 때 나하고도 통화할 수 있게 해 줘." "물론이지." 그녀가 내 아내에게 무슨 말을 하려는지 궁금하다.

3천 미터가 넘는 곳임에도 새벽의 찬 기운이 하나도 없다. 해가 중천에 떠오를 쯤엔 무더위가 느껴진다. 지나가 말한다. "매머드 레이크로 가는 길이 눈으로 폐쇄되어 우린 루트를 변경해서 운행할 거야." "알았어, 당신들 뜻대로 해. 따라갈게." 눈이 쌓여 있다 보니 갈 길의 상황을 제대로 알 수가 없다. 895.7마일상에서 덕 패스 트레일(Duck Pass Trail)로 길을 잡았다. 불가피한 선택이었지만 PCT보다 눈이 더 많이 쌓여 있다. 운행이 매우 더딜 수밖에 없다.

쉬면서 우연히 배낭을 살피니 심각한 상태였다. 어깨끈과 배낭 몸체를 연결해 주는 배낭 아래쪽 삼각끈이 반쯤 손상이 됐고, 옆구리 잡주머니의 망이 찢어져 물건이 튀어나올 정도다. 이러다가 배낭끈이 끊어지는 사태가 발생할지도 모른다.

지나가 말한다. "비숍에 장비점이 있으니 당장 새로 사." 야영 준비를 마치니 지나가 내게 말한다. "내일은 여유가 있으니 조금 늦게 출발할 거야. 그러니 맘 놓고 푹 자. 내일 오전 중이면 남편과 만날 수 있어." "고마워, Good night, 지나."

20년 이상 동고동락한 배낭과 헤어지다

출발 전 두 사람에게 말했다. "우리의 추억을 여기 텐트 사이트 한 편에 남겨 두고 가는 게 어때? 마음도 함께." 지나온 곳이 다 그렇지만 이곳 또한 다시 올 수 없으므로 마음으로나마 뭔가를 남기고 가자는 내 의도에 이심전심 두 사람도 동의한다는 미소를 보낸다. 11시쯤 지나의 남편 폴이 차 앞에 서서 우리를 반겨 맞는다.

이스트사이드 G·H(Eastside Guest House)에 도착해 바로 아내에게 전화를 했다. "당장 돌아와. 오늘까지 당신의 연락이 없다면 경찰에 실종 신고할 생각이었어. SK텔레콤에 당신의 위치를 알려 달라고도 했어. 외교부에도 연락을 해 실종 신고하려고 했어. 당장 돌아와."

20년 이상 나와 함께 산에 올랐던 배낭과 헤어지는 시간은 몹시 아쉬웠다. 짐으로 부쳐서 수리를 할까 싶었으나 여러 여건상 도저히 함께할 수 없는 상황이었다. 온전한 배낭 모습이나마 간직하기 위해 사진을 찍고는 비숍 시티 공원에 있는 커다란 쓰레기통에 조심스럽게 넣었다. 배낭이 내게 이렇게 말하는 듯했다. "그동안 체온을 나누며 함께했던 시간을 오랫동안 기억할게요. 날 오랫동안 보살펴 줘 고마워요." 내가 할 말이었다.

8일 치 식량을 준비했다. 햄버거가 맛있다는 Danny's에 들렀고 명성은 사실이었다. 부드러운 육질의 스테이크와 바로 튀긴 듯한 감자의 조합은 입안을 흥분시키고도 남았다. 숙소에 와 식빵에 아보카도와 땅콩버터를 발라 겹쳐서 10개쯤 만들었다. 내일 운행을 시작하면서 페니와 지나에게 간식으로 내줄 생각이다. 두 사람에게서 받은 호의를 어떻게든 내가 할 수 방식으로 갚아야 한다. 비록 말로 받고 되로 주는 경우지만 말이다. 그게 함께 운행하면서 도움을 받은 사람의 최소한의 도리가 아닐까. 페니가 말한다. "초이. 내일 아침 8시에 출발해." "응, 알았어. 늦지 않게 준비할게."

다음에 휴식을 취할 곳은 케네디 메도우즈 리조트(Kennedy Meadows Resort). 182km를 걸어야 한다. 중간에 아일랜드 패스(Island Pass)와 도너휴 패스(Donohue Pass)를 넘는다. 일정한 거리를 설정해 놓고 걷는다 함은 뭘 의미할까? 그저 무작정 걷기만 하면 다 해결된다는 뜻일까? 한 가지만은 확실하다. 거리를 재고 자기의 체력을 고려하여 하루 얼마간의 거리를 운행하면서 목표 지점까지 가기 위한 전략을 세운다는 사실. 그리하여 거북이 걸음일지언정 한 걸음 한 걸음에 최선을 다한다는 뜻일 게다.

긴 길을 걸으며 경험한 이른바 거북이 이론이다. 거북이가 걸음이 늦다고 아무 생각 없이 걷지 않는다. 인생도 그렇다. 삶을 긴 거리라고 가정하면 한 걸음 한 걸음 쉬지 않고 걸으며 자기의 인생 목표에 도달한다. 누군들 빠르게 달리고 싶지 않을까마는 그렇게 빨리 달리다가는 토끼 짝 나기 마련.

잠시 PCT를 벗어나 국가 기념물을 보다

케네디 메도우스 리조트까지 대략 7일, 거기에서 시에라 구간이 끝나는 로우어 에코 호수(Lower Echo Lake)까지는 4일쯤 소요. 빠르면 12일 안으로 중부 캘리포니아 구간을 마치게 된다. 이후엔 길에 눈이 쌓인 상태를 보고 걷기 전략을 다시 세워야 한다. 무릎을 다쳐 휴식을 취한 기간과 눈 때문에 더딘 진행으로 일정이 많이 늦어졌기 때문이다. 아마도 두 사람과 헤어져 좀 더 빨리 운행을 해야 하지 않을까 싶다.

폴이 주차장까지 태워 주었다. 출발하면서 지나가 말한다. "중간에 PCT를 벗어나 데빌스 포스트파일 국가 기념물(Devils Postpile National Monument) 쪽으로 갈 거야." "오케이." 허기가 질 무렵, PCT 903.3마일 지점에 닿았다. 어제 만든 식빵을 내어놓았다. 지나가 말한다. "미안해. 난 땅콩버터 알레르기가 있어." 다행히 페니는 잘 먹는다. "내일 한 개 더 줘." "알았어."

지나가 말한다. "캐나다까지 가는 길은 길고, 우리는 때때로 PCT를 벗어나 볼거리를 찾아 이를 즐기는 게 더 좋아." 의외였다. 난 될 수 있으면 PCT를 이탈하지 않으려 했고 지금까지 그렇게 걸어왔다. 두 사람과 나의 미묘한 차이를 발견했다.

길에서 단 한 발짝도 벗어나지 않고 걸어야만 PCT를 종주하는 걸까? 아니면 더 멋지고 아름다운 풍광을 즐기기 위해 잠시 벗어나면 종주로 쳐 주지 않는 걸까? 관점의 차이일 수 있다. 제대로 완주했다며 누구에게 증명할 필요도 없으니 자신의 시선으로 받아들이면 되는 게 아닐까.

봄은 어느 틈에 이곳까지 깊숙이 찾아들었다. 우리가 눈 속에서 헤매고 있는 동안 초목들은 따사로운 봄볕에 힘입어 옅은 연둣빛에서 어느새 짙은 녹음으로 변해 간다. 계절이 바뀜을 일깨워 주려 자연은 우리로 하여금 그 혹독한 눈의 시련을 겪게 했는지도 모른다.

데빌스 포스트파일 국가 기념물은 참 독특한 형태의 바위 모양이

악마의 기둥

다. 일정한 크기의 육각형 바위들이 수직으로 수천 개가 박혀 있다. 우리나라에 있다면 천연기념물로도 손색이 없을 정도. 제주도 올레길 8코스에서 주상절리로 형성된 바위 군락을 본 적이 있다. 이 장엄한 바위군은 용암이 흐르며 천천히 냉각되면서 균일하게 형성된 지형이다.

오늘은 눈 한 번 밟지 않았다. 해발이 낮아진 이유도 있었지만 30도를 오르내리는 기온 덕분이기도 했다. 얼마만인지 잠깐 비도 내렸다. 소다 스프링 들머리(Soda Spring Trail Head)에서 오늘 운행을 멈추고 잠자리를 만든다. "내일 비가 내려." 지나가 말한다. 도대체 저 정보를 어디서 가져오는 걸까?

존 뮤어 트레일과 PCT가 만나는 천 개의 섬

5시에 저절로 눈이 떠진다. 하늘은 비를 뿌리려는 듯 잿빛 구름들이 잔뜩 인상을 구기고 있다. 오르내리막이 거의 없어 발을 재게 놀린다. 점심을 먹을 시간인데도 페니와 지나가 보이질 않는다. 한 시간을 기다리니 페니가 온다. 얼굴엔 긴장감이 맴돈다. "초이, 지나는 벌써 갔어?" "아니." "그럼 초이는 존 뮤어 트레일과 PCT 만나는 지점에서 기다려. 나는 돌아가서 지나가 어디에 있는지 확인하고 올게." "조심해, 페니." 언니가 동생을 챙기는 살뜰함이 그대로 드러난다.

운행하는 데 지장을 받을 만큼 맞바람이 매우 거세게 분다. 존 뮤어 트레일과 PCT가 갈라지는 삼거리 지점에서 배낭을 풀고 두 사람을 기다린다. 이곳은 천 개의 섬이라는 별칭을 갖고 있는 호수다. 호수 안에는 크고 작은 바위 군락들이 무수히 많아 그 바위 군락들을 섬으로 묘사해 이런 이름을 붙인 모양이다.

4시쯤 두 사람이 함께 온다. 지나의 표정에 피곤함과 지친 모습이 역력하다. 지나는 이틀간 잠을 제대로 못 잤단다. 페니에게 식빵을 건네주니 고맙다며 아주 맛있게 먹는다. 페니는 이곳에서 야영을 하자고 했지만 지나와 내가 반대했다. 3마일만 더 가면 아일랜드 패스를 지나고 그 너머에서 야영할 장소를 찾자 하니 페니도 동의한다.

아일랜드 패스는 섬 그 자체. 흡사 마당 같다. 길이 보이지 않아 애를 먹었다. 고개를 넘으니 길은 한 술 더 뜬다. 온통 눈으로 덮여 있어 길 찾기가 몹시 어렵다. 내리막이다 보니 허벅지까지 빠지기 일쑤. 페니는 옹색한 곳이나마 여기서 멈추자고 했지만, 내가 조금 더 내려가 텐트 두 동을 설치하기에 맞춤한 곳을 발견해 짐을 풀었다. 그동안 왕성한 체력을 자랑하던 지나가 오늘처럼 이토록 힘이 없어 보인 적은 처음. 오늘 밤 잠을 푹 자고, 내일 아침 피로와 지침이 깨끗이 나아져 컨디션을 되찾으면 좋겠다.

처음 본 마모트가 안쓰럽다

하늘은 방년 18세 얼굴처럼 곱고 해맑다. 구름 한 점 바람 한 줄기 없다. 비가 내릴까 눈이 날릴까 하는 염려는 기우(杞憂)였다. 오늘은 도너휴 패스를 넘어야 하므로 세 사람 모두 다소 긴장하는 눈치다. 말을 하지 않아도 서둘러야 함을 감으로 알고 있다. 7시 전에 출발한다. 해발 3천 미터에 올라서니 천지사방이 눈으로 뒤덮여 있다. 다행스러운 점은 모두 심설(深雪) 상태라 눈 속에 빠지지 않는다. 이럴 때 빠른 속도로 치고 나가야 한다.

3시간 반 만에 도너휴 패스에 올랐다. 역시 눈 세상이다. 지난 5월 6일부터 25일간 계속 눈을 만난다. 지긋지긋하지만 어쩌랴. 걷지 않으면 이 눈 세상을 벗어날 수가 없으니, 꾹 참고 한 걸음 한 걸음 눈을 헤치고 나가야 한다. 내게 시간은 한정돼 있고 시간은 내 사정을 전혀 고려해 주지 않는다. 시간을 탓할 수는 없다. 내 자신을 탓하며 스스로 채찍질을 해야 한다. 멈추지 말고 걸으라고. 눈이 녹은 바위 위에서 처음 보는 동물이 우릴 보고 귀를 쫑긋거리며 눈치를 살핀다. 마모트다. 하이커들에게 익숙한 듯, 일정한 거리를 두고 우리 주위를 서성인다. 뭐라도 달라는 표정이다. 이 눈밭에서 녀석들이 배를 곯지는 않는지 걱정스러울 만큼 안쓰럽다.

예술 조각품인 바위 덩어리 램버트 돔

점심을 먹은 후 지나가 말한다. "우리는 오늘 리엘 폭(Lyell Fork) 갈림길에서 투올러미 메도우즈 캠핑장(Tuolumne Meadows Campground)으로 가서 야영할 거야. 초이는 맘대로 해. PCT로 가든 지 우리를 따라가든지." "같이 갈게." PCT 길 4km를 우회해서 걷는다. 조그만 상점이 문을 열었다면 금상첨화다.

캠핑장은 썰렁했고, 과장하자면 개미 한 마리 얼씬하지 않은 채 모기만 들끓었다. 상점은 문을 닫은 지 오래. 야영장 앞쪽은 포장도로가 있고 옆엔 샌 호아킨강(San Joaquin River)이 흐르며 강 건너편에는 사슴들이 한가로이 풀을 뜯고 있다. 녀석들은 직립보행을 하는 영장류(靈長類) 하나가 자신들을 뚫어지게 쳐다보고 있는 줄 아는지 고개를 모두 내 쪽으로 향하고 있다. 여차하면 튈 생각들을 하려는지 긴장하는 모습이 역력하다.

포장도로를 따라 다리를 지나니 정면에 엄청나게 큰 규모의 바위가 늠름하다. 흡사 하프 돔 같다. 램버트 돔(Lembert Dome). 조물주가 조각한 바위 조각처럼 보인다. 오늘로 운행 거리 1,500km를 넘었다. 청년재단에 기부할 액수도 어느덧 75만 원. 기부금 액수가 커지는 재미도 쏠쏠하다. 내게 걷는 일은 나 혼자만의 몫이 아닌 사회적 동행이다. 해서 난 내가 설정한 나름대로의 사회적 책임감을 가지고 걷고 있다.

램버트 돔의 위용

4,318km 꿈의 트레일

책 한 권 보내 줄 수 있어?

6월 첫날이다. 우리나라로 치면 본격적인 여름의 시작인데도 난 아직도 시에라 날머리쯤에서 눈과 사투를 벌이고 있다. 1820년대에 거주하던 사람들의 집이 보이고, 그 옆엔 철분이 섞인 온천수가 솟아 나온다. 폭포에서 떨어지는 굉음(轟音)이 엄청나다. 자연이 호흡하는 여타의 소리들을 다 흡수해 버린다.

요세미티 국립공원에는 모기가 무진장 많다고 하던데 사실이었다. 잠시 쉬는데 수십 마리 모기떼가 사정없이 얼굴로 달려든다. 쉬고 싶은데도 쉴 수가 없다. 그 자리를 뜨면 다행히 따라오진 않는다. 해발 2,700m 이상 되니 모기가 보이질 않는다. 이 높이가 모기 서식의 한계인가 보다.

아침에 먹다 남은 멕시칸 라이스(Mexican Rice)와 참치에다가 크래커를 얹어 먹는다. 또는 크래커에 땅콩버터에 발라서도 먹는다. 초라한 메뉴지만 시장이 반찬이라고 기가 막힌 맛을 낸다. 페니는 토르티야에 연어를 넣어 돌돌 말아서 잘라 먹는다. 페니는 특히 연어를 매우 좋아한다. 지나는 크래커와 치즈를 번갈아 먹는다. 누구에게나 이렇다 할 먹는 방식은 없다. 그저 가진 대로 자기 방식에 따라 섞어서 먹을 뿐이다.

지나가 뜻밖의 말을 한다. "초이, PCT 운행한 책을 만들게 되면 내게 한 권 보내 줄 수 있어?" "물론이지." "내 친구 혜영이가 영어 번역을 잘하니 그에게 부탁해 읽을게."

시에라 어느 구간에서부터인가 길바닥을 주목하기 시작했다. 산중턱을 파서 길을 만들고, 경사가 심한 곳엔 스위치백 방식으로 길을 냈다. 바위로 막힌 데가 있으면 바위를 깼고, 경사가 심한 내리막엔 돌들로 계단을 쌓아 높낮이를 조절했다. 위험 요소들을 미리 제거하여 하이커들에게 좀 더 편하게 걸을 수 있게 만들었다. 그러니 내가 이 길을 걸을 수 있음은 누군가가 기반(基盤)을 닦아 놓은 덕분이다.

길을 만든 이들의 수고와 노고에 힘입어 난 이 길을 쉽고 편하게 걸을 수 있다. 따라서 내가 완주를 한다면 그 성공의 절반은 바로 이들의 몫이 아닐 수 없다. 오늘은 두 사람과 함께 운행하면서 가장 많이 걸었다. 31.4km. 케네디 메도우즈 리조트까지는 88km 남았다. 지나가 말한다. "내일 아침엔 5시 기상, 6시 출발."

—————— '저 산 너머'를 열창하다

새벽 내내 거의 눈을 붙이지 못했다. 일정이 점점 늦어지는 바람에 다소 초조해졌고, 이들과 헤어질 수밖에 없는 상황을 인정하면서 내일 두 사람을 위해 노래 한 곡 불러 줄 생각에 가사를 외우느라 그랬다. 벤슨 고개(Benson Pass)에 오르면 '저 산 너머'를 불러 줄 거다. 16세 소녀들처럼 맑고 밝은 그들은 긍정적인 태도가 몸에 뱄고 행동에 거침이 없다. 페니는 산악 전문가답게 과감하고, 지나는 주도면밀하다. 운행 계획을 주도하고 산악 정보들을 챙긴다. 난 이들이 펴 준 우산 속에서 안전하게 걷고 있다. 이제 시에라 끝이 보이고 길은 전체적으로 점점 낮아지고 있다.

B·P에 올라 깜짝 이벤트를 했다. 임의로 갖다 붙인 'Over the Mountain'이라 소개하며, '저 산 너머'를 열창했다. 곡이 잔잔해서인지 두 사람은 고개를 끄덕이며 열렬하게 박수를 쳐 주었다. 운행을 하면서 인위적으로 만든 아름다운 아침 풍경이었다. 오늘은 오르막과 내리막이 많았고 음지쪽에 잔설이 많아 운행이 매우 더뎠다.

아침 식사 후 텐트를 정리하던 중 매트를 들어 올리는데 카메라 메모리 카드가 툭 떨어진다. 어제 잃어버렸다고 생각해 몹시 우울해했었다. 순간 탄성을 지르고 페니와 지나에게 보여 주었더니 잘됐다며 포옹을 해 준다. 89일간 일정을 다 잃었다고 생각했으나 이내 바로 복구가 된 셈. 페니가 말한다. "이 순간의 감정을 빨리 기록해!"

운행을 시작한 지 3시간이 지나자 깊어 뵈는 개울을 건넌다. 거의 샅[7] 밑까지 빠졌다. 지나가 말한다. "혹시 PCT 급류를 건너는 경우에 대해 쓴 책을 읽어 본 적이 있어?" "없어." "그러면 나중에 누구라도

---

7 샅: 두 다리의 사이.

어디가 하늘이고 어디가 호수인지….

도움을 받을 수 있게 자세히 써.”

급류나 계곡을 건널 때 길 쪽으로만 연연해하지 말고 상류로 올라가면 폭이 좁으니 건너기가 수월할 테고, 운 좋으면 쓰러진 나무가 다리 역할을 할 수도 있으며, 큰 돌들이 징검다리 역할을 할 수도 있음을 그간 경험을 통해 체득(體得)했다.

길옆 조그만 호수 수면은 깨끗이 닦아 놓은 거울이다. 저 거울 아래에 또 하나의 숲 풍경이 재현되고 있다. 위와 아래가 한 치의 차이도 없는 완전한 쌍을 이루고 있다. 거울을 매개로 똑 같은 풍경이 화면 전체를 이룸으로써 완전성을 담보한다. 도로디 호수(Dorothy Lake)를 정면으로 바라보는 곳에 잠자리를 만들었다.

4,318km 꿈의 트레일

헤어져야 할 시점을 고민하다

오늘은 제법 의미를 부여할 수 있는 날. 1,000마일(1,609km) 지점을 지난다. 걷기 시작한 지 91일 만이다. 기념 촬영. 두 사람은 영상을 찍는다. 지나에게 말했다. "당신들 도움으로 무사히 여기까지 오게 됐어. 정말 고맙고 감사해." 점심 식사 후 운행 속도가 빨라진다. 해발 3,300m 큰 고개를 넘으니 내리막 경사가 매우 심하다. 북향(北向)이라 잔설이 그대로 있고 길은 눈에 덮여 보이질 않는다. 직선으로 치고 내려간다.

운행을 마치는 지점인 108번 하이웨이에 있는 소노라 패스(Sonora Pass)까지는 고작 800m를 남겨 둔 지점에 텐트를 친다. 내일 지나의 남편 폴이 소노라 패스에 오기로 되어 있다. 이래저래 난 행운아다. 다음 날 800m를 더 걸어 하이웨이에 도착해 폴을 만났고, 우리 세 사람은 9마일 떨어진 케네디 메도우즈 리조트(Kennedy Meadows North)로 향했다.

이 리조트엔 차량들이 제법 많다. 깊은 산중에다가 송어가 맘껏 뛰노는 미들 폭 스타니슬라우스강(Middle Fork Stanislaus River)이 리조트 바로 앞으로 흐르는지라 자연과 호흡하려는 사람들이 많을 수밖에. 이곳은 하이커들을 위한 곳이라기보다는 자연을 벗 삼아 몸과 맘을 재충전하는 휴식 공간이다. 송어 낚시를 할 수 있고, 강을 따라 말

해발 3,300m에서 내려온 내 발자국

을 타며 자연이 주는 평온(平穩)을 온전하게 누리고, 자연의 풍광을 보며 여유를 즐길 수 있다. 해발 1,930m에 위치하므로 물리적으로 문명과는 다소 동떨어져 있으니 휴식하기 좋으리라.

앞으로 늦어도 5일 안으로 난 PCT에서 제일 힘들었던 시에라 구간을 마친다. 아마도 이 구간 중간쯤에서 페니와 지나 자매와 헤어질 듯하다. 난 180일짜리 비자를 받았으므로 여유가 그리 많지 않다. 자매는 시간이 아직 넉넉하다. 이들과 같이 운행을 하다가는 목표 지점까지 갈 수가 없다. 부득이 헤어져야 하지 않을까.

며칠 전 비숍에 있는 게스트 하우스에서 지나가 내게 말했었다. "에코 호수(Echo Lake)에서부터는 초이와 함께 갈 수 없을 듯해." 충분히 이해한다. 자매는 시간적 여유가 있고 난 날짜에 쫓기는 형편이다. 눈 속에 빠지면서 무릎을 다쳐 10일간을 쉬었고 이로 인해 일정이 아주 빡빡하다. 이렇게 가다간 비자 기간 안에 미국과 캐나다 경계에 다다를 수 없다. 서둘러야 한다. 이들 자매에게 할 얘기도 미리 준비하고 있다. '비자 기간이 얼마 남지 않았다. 서둘러서 걸어야 하고 목적지까지 가야만 한다. 그간 날 도와줌에 진심으로 고맙다. 내게 해준 보살핌과 날 챙겨 준 고마움을 오랫동안 잊지 않겠다.'고.

내 삶을 뒤돌아보며

내일부턴 진짜 부지런히 걸어야 한다. 내게 주어진 시간은 85일. 지금까지 전체 거리의 절반도 걷질 못했다. 이러다간 도중에 집으로 돌아가야 할지도 모른다. 그렇게 할 수는 없다. 속력을 내 재게 걸어야 한다. 쉬지 않고 걸어야 간신히 목적지에 도달할 수 있다.

무릇 걷는다는 행위의 본질은 무엇일까? 인류는 직립 보행을 하면서 손과 발을 마음대로 사용하게 되고 생각할 수 있는 능력을 발달시켰다. 생각을 통해 상상력을 키워 가면서 문명의 발전과 인류의 번영을 이끄는 동력으로 삼았다. 하여 걸음은 인류의 진보에 기여한 중요한 요소 중 하나로 기능하였고, 이 걸음의 본능은 내 몸에도 고스란히 각인돼 있다. 프랑스의 철학자 가브리엘 마르셀이 말한 '호모 비아토르(Homo Viator: 떠도는 사람 또는 길 위의 사람)' 또한 내 세포 내에도 살아 있다.

PCT를 걷는 일이 여기에 비할 바는 아니지만, 지금껏 살아온 시간을 뒤돌아볼 수 있는 기회를 갖게 됨으로써 내 삶의 의미를 조금이나마 들여다볼 수 있게 된다. 지금껏 제대로 된 삶을 살아왔을까? 혼자만의 만족을 위해 살지는 않았는지, 사회 구성원으로서 동시대를 살아가는 이웃들의 어려움과 곤란을 외면하지 않았는지, 내 도움이 필요한 이들이 내민 손을 거부하진 않았는지, 이 사회의 공익을 위해 조금이나마 기여를 했는지, 공존의 삶을 살기 위한 행동과 실천을 다했는지 많은 생각들이 앞뒤 없이 떠오른다.

지구의 둘레가 41,000km라고 하니 내가 인식하는 거리의 공간에 들어온다. PCT 거리가 대략 4,300km이니, 지구 둘레의 10분의 1에 해당하는 거리다. 이 거리를 걷게 되면 내게 무슨 변화라도 생길까? 인위적으로야 어떻게 할 수 없는 노릇이지만 조그만 변화라도 생기면 좋겠다.

걸음을 통해 물리적으론 두 다리가, 정신적으론 머리와 생각이 함께 선순환 작용을 해 내가 나를 보는 시각과 세계를 대하는 인식이 좀 더 넓고 깊어지면 더할 나위 없겠다. 그리하여 나의 존재 이유나 세상 삶의 원리들을 좀 더 깊이 있게 이해할 수 있으면 좋겠다. 선조들이 인간의 본성이나 우주의 원리를 이해하기 위해 끊임없이 정진을 했지만 난 그 끝만이라도 좇으면 좋겠다.

키위 시스터즈와의 이별

리조트 측에서는 하이커들의 편의를 위해 5불을 받고 PCT로 연결해 준다. PCT 인근에 있는 시설들에서는 하이커들의 고된 걸음을 조금이나마 가볍게 해 주기 위해 보이지 않는 편의들을 살펴 준다. 얼마나 고마운 일인지 모른다. 운행을 시작한 지 1시간이 채 지나지 않아 해발 3,200m를 올랐다. 아마도 시에라 구간 중 마지막으로 3천 미터 고지가 아닐까 싶다. 이후론 계속 내리막이다. 10시가 넘어 시작한지라 종일 22.5km를 걸었다.

이튿날 일찌감치 일어나 아침을 짓다가 그만 스토브를 건드리는 바람에 냄비가 뒤집어지면서 밥이 쏟아졌다. 부주의가 불러온 당연한 결과다. 이러다가 텐트마저 태워 먹지 않을까 저어된다. 하여간에 내 부주의는 알아줘야 한다. 지금까지 탈 없이 여기까지 왔음이 놀라울 뿐이다.

운행을 시작한 이후 페니와 지나의 발걸음이 몹시 더디다. 어제와 오늘 특별히 힘든 데가 없었는데 두 사람의 고된 표정이 역력하다. 이른 시간에 출발했음에도 20마일을 채우지 못했다. 끼니를 생각해 보니 두 끼가 부족하다. 시간과 거리를 잘못 측정했다. 여기저기서 허점들이 드러난다.

동이 트기 전에 눈이 먼저 떠진다. 밤새 눈발이 흩날렸나 보다. 물을 많이 부어 음식의 총량을 늘렸다. 어쩔 수 없는 노릇이다. 출발 준비를 마쳤지만 '키위 시스터즈' 텐트 안에서는 기척이 없어 조심스레 말을 전했다. "엊저녁에 생각해 보니 내게 남은 시간이 별로 없어. 9월 1일에 비행기를 타야 해. 나 먼저 출발할게." 지나가 말한다. "빨리 움직여야 하겠네. 오늘과 내일 부지런히 걸어. 헤드램프를 켜고서라도!" "그럼 나 먼저 가서 에코 호수(Echo Lake)에 가서 신발 사고 불필요한 내 짐도 집에 부치며 정리를 할게. 목요일 오후쯤 만나!" 이 말이 자매와 내가 나눈 마지막 소통이었다.

큰 부상을 입을 뻔

햇볕이 들지 않아 눈이 쌓여 있던 경사면을 지나다가 그만 미끄러진다. 마이크로 스파이크를 착용했어야 함에도 그냥 가면 되겠지 싶은 안일한 생각이 불러온 결과다. 건너기가 불가능한 길이었다. 눈이 얼어 미끄러워 몇 발자국 지나다가 안 되겠다 싶어 몸을 되돌리는 순간, 발이 미끄러지고 엉덩방아를 찧으며 미끄럼을 탄다. 경사가 45도쯤 되는 곳이어서 쏜살같다. 이러다간 100m 이상 미끄러지며 골짜기로 곤두박질칠 위험이 있다. 이 상황을 멀뚱멀뚱 보기만 하면서 눈 속에 처박힐 순 없다. 멈춰야 한다.

오른쪽으로 두터운 바위가 튀어나와 있다. 두 발로 저 바위를 디디며 제동을 해야 한다. 발을 오른쪽으로 트니 몸이 따라간다. 바위에 가까이 다가갔을 때 무릎과 허벅지, 종아리에 힘을 줘 근육들을 긴장시켰다. 두 발은 바위에 닿았고, 다행히 내 몸은 제동이 되었다. 불과 몇 초 안에 일어난 일이다. 아찔한 순간이었다. 그나마 흥분하지 않고 차분하게 대응해 다친 곳이 없다. 바지 엉덩이 부분이 북 찢어지기만 했다. 조심스럽게 눈밭을 건너 사면으로 올랐다. 미끄러진 흔적이 선명하다. 저 흔적을 남기기 위해 여러 컷 사진을 찍었다. 내일쯤 자매도 보게 될 테지. 위험한 상황에서 벗어나면서 길은 점점 낮아지고 날은 포근해 내 발걸음이 아주 가벼웠다. 11시간 이상을 걸었고 38.4km를 찍었다. 제법 긴 거리였고 체력이 많이 소모된 힘든 하루였다.

미끄러진 흔적. 왼편에 있는 바위에 두 발로 힘껏 제동을 했다.

중부 캘리포니아 구간을 마치다

시에라 구간을 마치는 날이다. 일찌감치 일어나 해 뜨기 전에 운행 시작. 카슨 패스(Carson Pass)를 지나니 개구리 호수(Frog Lake) 수면에 비친 나무와 하늘이 또 다른 풍경을 연출한다. 수면 아래에 또 하나의 자연이 생겼다. 하늘색과 호수 빛깔이 같다. 어디가 호수고 어디가 하늘인가?

가벼운 차림의 아주머니가 내게 묻는다. "길 상태가 어떤가요?" "눈이 녹지 않아 길이 잘 안 보여요." 그녀는 일말의 망설임 없이 뒤돌아간다. 오후 3시, 50번 하이웨이(1,090.7마일 지점)를 만난다. 여기서

자기가 먹을 음식을 저 배낭에 넣고 운행하는 견공

2마일쯤 더 가면 에코 호수(Echo Lake)가 나오고 여기가 시에라 구간 끝 지점이자 북부 캘리포니아 시작점이다. 이제 남 호수 타호(South Lake Tahoe)로 가서 이틀쯤 쉴 생각이다.

차를 얻어 타기 위해 수십 번 히치하이크를 했고, 예상 시간보다 훨씬 빠르게(?) 한 여성이 차를 세워 준다. 시내에 베이스캠프 호텔(Base Camp Hotel)에 간다고 하니 검색을 하고는 호텔 앞까지 데려다준다. 코로나 역병으로 인해 호텔 폐쇄. 옆에 있는 숙소(Blue Jay Lodge)에 가더니 자신의 일처럼 숙소를 잡아 준다. 이 여성의 이름은 '린다'. 또 도움을 얻는다. 그녀에게 진심으로 감사하다며 인사를 했다. 그녀가 내게 말한다. "안전하게 당신의 하이킹을 마치길 빈다." 프런트 직원에게 PCT 하이커라고 했더니 무려 30불을 깎아 준다.

────── 북부 캘리포니아 구간엔 또 어떤 얘기들이

등산화를 새로 구입했고, 슈퍼마켓에 가 맥주와 치킨을 샀다. 얼마나 치킨을 먹고 싶었던지 염치 불고하고 길거리에서 치킨 조각을 뜯었다. 맥주 한 캔과 치킨 조각의 배합은 천생연분의 관계다. 산속에서 먹지 못하는 음식들을 도심에서 먹는 그 맛은 겪어 본 사람들만이 안다. 세상만사 중 최고라고. 산속에서 버틸 수 있는 이유도 며칠만 지나면 이런 음식들을 맛볼 수 있겠다는 희망이 있기 때문이 아닐까?

체류 기간인 9월 1일까지 미국과 캐나다 경계까지 마치고 집으로 돌아갈 수 있을지 의문이다. 해서 필라델피아에서 의사로 활동하는 처조카와 내 체류 연장 신청이 가능한지에 관해 문자를 주고받았다. 그나마 다행스런 점은 처조카가 체류 연장에 관한 여러 절차들을 잘 알고 있다는 점. 처조카의 도움이 절실하다.

우체국에 가서 불필요한 짐들(곰통, 신발, 마이크로 스파이크, 겨울 옷 등)을 집으로 부쳤다. 직원의 친절함이 절차와 비용 등의 문제를 아주 쉽게 해결해 주었다. 천천히 걸으며 숙소로 향한다. 타호 호수 주변 길을 걸으며 모처럼 여유를 갖는다. 젊은 여성들의 비키니 차림이 내 동공을 확대시킨다. 물에 들어가기 이른 여름 초입이지만 청춘의 열정이 더 뜨거운가 보다.

곰통이 없으니 배낭에 수납공간이 많다. 일주일 치 식량을 넣어도 여전히 공간이 남는다. 북부 캘리포니아 산길은 그리 높지 않다. 아마도 눈은 없을 듯하다. 그러면 내 발걸음은 비교적 빠를 테고 당초 일정보다 좀 더 이르게 운행을 할 수 있다. 이제 북부 캘리포니아를 향해 전진뿐이다. 또 어떤 얘기들이 날 기다리고 있을지 또 난 어떤 이야기를 만들어 갈지 자못 설렌다.

타호 호수. 제법 규모가 크다.

페니가 보낸 문자

잘 도착했다는 내 문자를 보고 페니가 페북을 통해 답을 보냈다. "안전하게 도착했다니 기쁘네. 우린 초이가 미끄러진 흔적을 보았어. 우린 초이와 함께 하이킹을 즐겼지. 우린 초이가 체류 기간 때문에 우리보다 앞서서 가고 있음을 잘 알아. 트레일 내내 초이가 보낸 친절한 행위에 대해 고맙게 생각해. 페니와 지나가 보냄."

우버 택시를 타고 이틀 전에 멈췄던 50번 하이웨이로 갔다. 이제부턴 좀 더 빠른 속도로 걸어야 한다. 적어도 하루에 32km를 걸어야 한다. 신발을 새로 구입했고 불필요한 짐을 집으로 보냈기에 몸과 맘이 편하다. 반바지 차림이라 홀가분하다. 에코 레이크에서부터 시작되는 북부 캘리포니아 구간. 숙소이자 휴게소인 에코 호수 앞 에코 오두막(Echo chalet)은 문이 굳게 닫혀 있다.

4,318km 꿈의 트레일

해발 3천 미터가 넘는 곳에서 본 마모트. 먹을거리를 달라는 눈치다.

Part 3

샤스타산(Mt Shasta, 해발 4,322m)

북부 캘리포니아
타인이 내게 준 도움의 끝은 과연 어디까지일까

★ 운행 구간 ★

Echo Lake & chalet ～ 캘리포니아와 오리건 경계

★ 운행 거리 ★

599.4mile(964.43km)

★ 운행 기간 ★

2020.6.11. ~ 7.8.

"행동하지 않으면 한낮 꿈일 뿐이고 가능성으로밖에 끝나지 않는다.
나는 범위가 고정되어 있지 않은 약속을 계속해서 실현하고 싶다."

– 올리비에 블레이즈(Olivier Bleys), 『내가 걸어서 여행하는 이유』

하필이면 첫날 둘 다 부러진 알파인 스틱

에코 호수를 왼쪽에 두고 운행을 시작한다. 새 신발에 반바지 차림으로 운행을 하니 정말 가뿐하다. 새 신발이나 새 옷, 또는 새 장비를 사게 되면 누구나 이런 생각을 갖는다. '깨끗하게 신거나 입고 망가지지 않도록 잘 간수하려는 마음을 갖겠다.' 새 신발을 신고 걷는 기분은 확실히 다르다. 발걸음이 경쾌하다. 높은 곳으로 오르니 여전히 눈이 쌓여 있다. 더 이상 눈을 밟지 않아도 되겠거니 싶었지만 그저 마음뿐이다. 해발 2,858m 딕스 패스(Dicks Pass)를 넘어 내리막길이 눈으로 덮여 있다.

길을 찾다가 그만 왼 다리가 눈 속에 깊이 빠졌다. 몸을 지탱하려 알파인 스틱에 강하게 의지하다가 스틱의 두 번째 칸이 부러졌다. 길이 없는 사면을 내려가다가 미끄러지며 스틱에 기댔지만 두 번째 칸이 또 부러졌다.

30분이 채 지나지 않아 스틱 두 개가 망가졌다. 그 험한 시에라 구간에도 꿋꿋하게 버텨 온 내 스틱이 졸지에 그만 무용지물이 되고 말았다. 새 신발을 신고 기분 좋게 운행한 첫날에 내 수족(手足)을 잃은 셈이다. 아직 PCT 절반도 운행하지 못했는데.

작대기로 스틱을 대신하다

컨디션이 좋다. 일찌감치 출발했고 3시간 13분에 15.2km를 걸었다. '꿩 대신 닭'이라고 맞춤한 작대기를 스틱 삼았다. 그나마 작대기가 조금 위안을 준다. 앳된 여학생 둘을 만나 몇 마디를 주고받았다. 이 친구들은 큰 지도와 나침반을 손에 들고 있었는데, 주로 앱을 사용하는 미국 친구들과 달리 옛 방식으로 길을 찾아가는 모습이 참신해 보였다.

41.3km를 걸었다. 운행을 시작한 이후 제일 긴 거리를 걸었다. 이제부터라도 하루에 걷는 거리를 늘려야 한다. 조금씩 늘리다 보면 총량이 커질 테고, 그러면 미국과 캐나다 경계까지 더 일찍 닿을 수 있으리라. 하지만 이런저런 상황들을 어찌 예측할 수 있단 말인가.

텐트를 치고 나니 비가 내린다. 저녁 8시가 넘으니 눈으로 바뀐다. 폭설은 아니지만 금방 길이 덮인다. 30여 분 만에 눈이 그친다. 정말 다행이다. 이제 눈이라면 트라우마에 걸린 듯 두렵고 무섭다. 내일 먹을 행동식을 만들었다. 샌드위치 빵에 아보카도를 바르고, 다른 빵엔 땅콩버터를 듬뿍 발라 두 개를 합친다. 빵에 있는 탄수화물과 아보카도가 함유한 풍부한 비타민, 몸에 좋은 기름과 단백질이 풍부한 땅콩버터의 조합은 행동식으로 아주 그만이다. 눈이 그쳤는가 싶더니만 텐트를 두드리는 빗방울 소리가 점점 커진다. 새벽엔 살포시 내리는 눈이 텐트에 쌓인다.

완주할 수 있을는지

100일째. 텐트 문을 여니 주변이 하얗다. 햇볕이 드니 길의 윤곽이 뚜렷하다. 알파인 메도우즈(Alpine Meadows) 스키장 정상엔 눈이 엄청나게 쌓였고 길은 덮였다. 그늘진 곳이라 길을 찾는 데 30분 이상 애를 먹었다. 대수롭지 않은 돌에 걸려 반 바퀴 옆으로 굴렀다. 엎어진 김에 쉬어 가라고 간식을 먹으며 잠시 생각에 잠긴다. 9월 1일에 비행기를 타야 하므로 적어도 8월 27일까지는 목적지에 도착해야 하지만 자신이 없다. 그렇다면 미련 없이 집으로 가자. PCT 운행에 실패하는 사람들이 40%나 된다는데, 최선을 다해 걸었지만 이런저런 이유로 목적을 이루지 못한다면 어쩔 수 없는 노릇이 아닌가.

작가 김영하는 『여행의 이유』에서 '여행의 성공이라는 목적을 향해 집을 떠난 주인공이 이런저런 시련을 겪다가 원래 성취하고자 했던 것과 다른 어떤 것을 얻어서 출발점으로 돌아오는 것이다.'라고 했다. 그렇다면 난 완주 대신 멈춤이라는 소득을 얻는 셈이다. 멈춤은 중단이나 종료가 아니라 새로운 시작이라는 깨달음을 말이다.

엘런 S 하트 프리웨이 아래 수로가 길로 연결돼 있다. 드와이트 D 아이젠하워 하이웨이 수로는 너무 깊어 사면을 올라 도로를 무단 횡단했다. 휴게소(Spur to 1-80) 옆에 자리를 잡았다. 화장실을 들락거릴 수 있는 맞춤한 자리였다. 아내에게 말했다. "체류 연장이 안 되면

8월 25일까지 걷다가 집으로 돌아갈게." 아내도 동의한다. 목표 지점까지 가지 못하면 어떠랴. 적당한 지점에서 멈추고 내년에 다시 그곳부터 시작하면 되리라. 맘 편하게 먹고 즐기며 걷자고 생각하니 마음이 한결 가볍다. 충실하게 기록하면서 걷자.

'안경하세요'가 아니라 '안녕하세요'

12시간쯤 운행해 43.3km를 걸었다. 연일 새로운 기록이다. 멈춘 곳은 해발 2,000m 아래다. 쉬면서 젖은 양말을 말리려 나무 위에 올려놓았다가 그만 까맣게 잊고 지나쳤다. 자책을 하며 내 안의 나와 밖의 내가 대화를 나눈다.

"내 그럴 줄 알았어. 출발할 땐 뭔가 놓고 가는 물건이 있는지 반드시 주변을 둘러보라고 했잖아!" "그래야 하는 줄 알지만 생각나지 않았다고!" "지난번에 50m를 미끄러질 때도, 이미 한번 10m쯤 미끄러졌으면 다음엔 꼭 마이크로 스파이크를 착용했어야지." "그때도 진짜 생각나지 않았어. 쉽게 건널 줄 알았지." "앞으로 더욱 명심해. 쉬었다가 갈 때 반드시 주변을 확인하기!" "잘 알겠어. 꼭 그렇게 할게." "입으로만 그러지 말고 꼭 실천하기." "알았어, 진짜 그렇게 할게." 내일은 해발 1,200m까지 내려간다. 부지런히 걸을 경우 12시 전엔 시에라 시티(Sierra City)에 도착할 수 있을 듯하다.

시에라 마을 규모는 그야말로 한눈에 다 들어올 만큼 작다. 작은 마을임에도 숙소(Buttes Resort)가 몇 군데나 있다. 낯익은 얼굴들이 길가에 앉아 맥주를 마시며 얘길 나누고 있다. 포레스터 패스를 함께 넘은 친구들인 제이콥과 그의 여친 까멜라, 존이다. 제이콥이 내게 알은체를 한다. "안경하세요!" "제이콥, 안경은 Glasses야. 안경이 아니라 안녕." 하면서 '안녕'을 또박또박 발음해 줬다.

그러면서 "난 아무래도 완주를 하지 못할 거야. 비자가 9월 1일까지거든." 제이콥은 "나는 8월 10일까지 목적지에 갈 거야 초이도 갈 수 있어. 캘리포니아 북부는 오르내리막이 있어 4주쯤 잡고 오리건은 길이 평평하니 2주를 잡고 있어. 워싱턴은 3주쯤 잡으면 돼. 걱정 마, 초이는 할 수 있어." 물론 쉬지 않고 하루에 매일 35km를 걸으면 가능하지만, 실제 걷게 되면 그리 가능해 보이진 않는다.

이 금침이 네 침이냐

길은 스위치백으로 형성돼 있다. 표고 1,200m를 가볍게 올랐다. 오르막에 몸이 제대로 적응을 했나 보다. 제이콥 일행도 인근에서 캠핑을 한다. 내일은 오늘보다 길의 조건이 훨씬 좋다. 초반에 조금만 오르면 계속 내리막이다. 부지런히 걷고 있는데 저 앞에 약 30명쯤 되는 일행들이 줄지어 가고 있다.

끝에 있던 친구가 날 보더니 무전을 친다. "하이커가 지나가니 길을 비켜 줘!" 앞서 가던 친구들이 모두 길섶으로 피해 준다. 고맙단 인사를 하며 치고 나갔다. 아름다운 장면이다. 맨 앞엔 초등학생인 듯한 친구가 저보다 큰 배낭을 메고 울면서 걷고 있다. 고통스러운지 발걸음이 몹시 더디다. 뚱뚱한 몸을 이끌고 산을 오르기가 쉽지 않다. 하지만 누구 한 사람 꼬마를 위로하지 않는다.

걸으면서 오른쪽 발이 자꾸 미끄러지며 왼발에 힘이 간다. 왼쪽 무릎에 크고 작은 통증이 계속된다. 이럴 땐 침을 맞는 요법이 가장 좋은데. 갑자기 산신령이 나타나셨다. 손에는 금침과 은침이 들려 있

맨 앞에 꼬마가 울면서 걷고 있지만 누구도 위로해 주지 않는다.

다. "네가 더러 좋은 일을 했다고 들었다. 침을 맞고 싶은 모양이구나. 이 금침이 네 침이냐?" "아닙니다." "그럼, 이 은침이 네 침이냐?" "아닙니다." "듣던 대로 정직하구나. 그럼 이 금침과 은침을 다 가져라." "아닙니다. 저는 침을 갖기보다 침 맞기를 원합니다. 신령님께서 침을 놓아 주세요." 이리하여 무릎 통증을 깨끗하게 치료했다는 전설 따라 삼천리 이야기가 멀리 PCT에서 전해 오고 있다는 상상을 한다.

길은 끊임없이 내리막이다. 고도차 900m 이상 계속 내리막이다. 50.2km(30마일)를 걸었다. 내 평생 하루 동안 이렇게 긴 거리를 걷긴 처음. 두 다리와 심장과 뇌에 말을 전했다. "두 다리야, 정말 고생 많았어. 발에 물집이 생기고 근육이 땅겼으며 무릎 또한 시큰거린 와중에서도 불평 없이 50km를 걸어 줘 고맙다. 네가 보기에도 이 정도 다리면 어디 내 놔도 손색이 없겠지?"

"심장아, 지치지 않게 숨을 잘 고르고 혈관에 산소 공급과 혈액 순환을 잘해 줘 고마워. 덕분에 경사진 곳도 숨 가쁘지 않고 잘 올랐지. 너도 제법 강해진 모양이구나."

"뇌야, 다리와 심장을 잘 컨트롤해 삼위일체가 돼 그 먼 거리를 유연하게 걸었어. 자네 공이 컸네. 그래도 주인이 잘한 거지? 그러나 앞으로는 이렇게 무리한 걸음을 걷지 않을게. 줄곧 걷기만 하다 보니 주변을 둘러보거나 뭘 생각할 여유가 없었어. 솔직히 다리만 아팠지. 하여튼 고마워. 내겐 전무후무한 경우가 됐어."

2,000km를 지나다

어제 들입다 먼 거리를 걸었더니 신체에 뭔가 부작용이 드러난다. 눈두덩과 볼이 부었다. 하지만 내친김에 오늘도 40km 이상을 걸어야 한다. 그래야 내일 오후 2시쯤 벨덴(Belden)에 도착해 반나절쯤 쉬면서 식량을 보급하고 처조카와 체류 연장 건에 대해 얘길 나눌 수 있다.

제이콥과 까멜라가 놀라운 주력으로 쫓아왔다. 두 사람이 동시에 인사를 한다. "안녕!" 이제 이 의미를 제대로 이해했나 보다. 헤어지면서도 "잘 가세요?" 두 사람은 8월 10일까지 목적지까지 간다고 하니 나도 부지런히 저들의 발걸음을 뒤따라가면 늦어도 8월 20일 이후엔 도착할 수 있지 않을까. 자꾸 해 볼 만하단 생각이 든다. 나라고 저들만큼 못하리란 법은 없지 않은가! 해 보자. 아니, 가자. 아침 7시에 2,000km를 지난다. 미국 친구들이 천 마일, 이천 마일에 의미를 두듯 나도 2,000km에 의미를 두지 않을 수 없다. 3,000km는 어디쯤 존재할까?

숲속에서의 아침은 자연의 합창을 들을 수 있는 귀중한 시간. 주인공들은 이름 모를 새들이요 무대는 나뭇가지요 청중은 나 혼자다. 새들의 노랫소리는 더할 나위 없는 자연이 주는 최고의 음이다. 살아 쉼 쉬며 신선한 아침 식사를 위해 동료끼리 하는 의사소통이든 혼자 내뱉는 음성이든 듣는 이에겐 최상의 합창이요 소나타다.

오전 중 벨덴에 도착했다. 제이콥과 까멜라는 여유 있는 표정으로 병맥주를 마시고 있다. 벨덴 타운은 해발 670m라 한낮이 거의 폭염 수준이다. 제이콥 일행과 매점에서 1.4마일 떨어진 카리보 크로스로드 스토어(Caribou Crossroads Store)로 가 식량을 구입했고 바로 출발. 부지런히 걸어 3일하고 반나절쯤 가면 올드 스테이션(Old Station)에서 또 쉴 수 있다.

내 티셔츠를 물어 간 사슴

동이 트기 전에 일어나 아침을 맞는다. 어젯밤에 텐트 위에 널어놓은 티셔츠 두 벌 중 한 벌이 보이질 않는다. 간밤에 바람이 세서 날아 갔다면 두 벌이 다 없어야 하는데, 도통 이해가 가질 않는다. 뭔가 사달이 난 모양. 사슴 한 마리가 주변을 얼쩡거린다. 저 녀석 짓이겠거니 싶어 주변을 살피니 아니나 다를까, 텐트에서 10m쯤 떨어진 곳에 티셔츠가 푹 젖은 채로 땅바닥에 놓여 있다. 녀석이 물고 가다 먹이가 아니어서 홧김에 실례를 했나 싶을 만큼 티셔츠에 물이 흥건하다. 하여간 숲엔 미스터리가 많다.

차가운 샘(Cold Springs)을 만난다. 땅속에서 솟아나는 샘물이다. 냉장고 물보다 더 차고 시원하다. 한참을 걷다가 그만 물을 지나쳐 버렸다. 훔볼트 로드(Humboldt Road & Summit)를 지나자 큰 소나무 밑 동엔 2ℓ쯤 담긴 물병이 있다. 누군가 하이커들을 생각해 가져다 놓았음에 틀림없다. 보이지 않는 곳에서도 이래저래 도움을 받는다.

운행 108일째. 설레는 날이다. 오전 8시 1분, 드디어 PCT 2,650마일의 절반 표지석(Halfway Marker)을 만났다. 동영상을 찍고는 비치된 노트에 기록을 남겼다. 절반을 걸었으니 소희(所希)가 없을 수 없다. 절반이란 꼭짓점까지 올랐으니 앞으론 내리막 절반만 남은 셈이다. 부지런히 걷기는 하지만 폭염에 괴롭다. 눈밭을 벗어난 지 얼마나됐다고 뜨거운 햇볕에 사지가 늘어진다. 그나마 키 큰 나무들이 햇볕을 가려 줘 그늘로 걷는다. 왼쪽 무릎에 주기적으로 약한 통증이 느껴진다. 무릎을 몇 번 돌리면 시원해지는 듯하면서도 다시 되풀이된다. 걱정스럽다.

PCT 절반 1,325마일 표시

남미에서 본 유황 호수가 여기에도

일찍 일어나 선선한 아침 시간에 부지런히 걷는다. 구름 한 점 없는 뙤약볕이지만 숲이 깊어 폭염이 닿질 않는다. 아주 특별한 자연현상을 본다. 이른바 끓는 샘 호수(Boiling Springs Lake)다. 한쪽에선 유황이 부글부글 끓어오르며 그 옆 호수로 끓임없이 흐르고 있다.

폭이 제법 넓은 개울(Kings Creek)에 소나무 세 그루가 개울을 가로질러 넘어져 있다. 양쪽 나무를 타고 건널 경우 경사가 심한 사면을 기어올라야 한다. 가운데 나무는 중간이 부러져 있지만 사면 위에 걸쳐 있다. 건너면서 나무에 진동을 준다. 무사히 건넜다. 만약 부러진 부분이 꺾어질 경우 난 6m쯤 아래 개울로 곤두박질칠 테고, 그러면 저 큰 소나무에 받히거나 얻어맞아 크게 부상을 입을 수도 있었다. 무모한 행동이었다.

1시 이후 길이 서쪽으로 방향을 튼다. 주변은 온통 시커먼 나무들뿐이다. 산불 규모가 엄청나다. 끝이 보이질 않는다. 태양의 열기는 정면으로 내 얼굴을 때렸고, 난 고개를 약간 숙인 채 앞만 보고 끝없이 걸었다. 햇볕은 더욱 뜨거워 마치 타 죽은 나무의 열기가 내게 고스란히 전해지는 듯했다. 쏟아붓는 볕과 볕이 머금은 열기에 고통스러웠고 괴로웠다. 알베르 까뮈의 『이방인』에서 주인공 뫼르소는 '하늘에서 쏟아붓는 햇볕의 비를 맞으며 우두커니 서 있는 일이 괴로운 일

붉은 언덕 너머 유황 호수

제일 높이 걸쳐 있는 나무 위로 건너다.

이었다.'고 했다. 서 있는 사람이 저 정도면 부지런히 걷는 나는 저 괴로움의 농도가 얼마나 진했을까. 2시간 동안 해가 지는 쪽으로 8km를 걸었는데 내내 타 죽은 나무들뿐이었다. 지구별에 닥친 기후위기의 현장을 눈앞에서 보고 있다. 12시간 동안 42km를 걸었다. 내일 10km만 걸으면 오전 중에 올드 스테이션에 닿는다.

하염없이 흐르는 눈물

오늘부터 신경을 써야 할 일이 하나 생겼다. 그간 운행하면서 마실 물 걱정이 없었다. 여기저기 계곡이 많았고 물은 풍부했지만, 앞으론 물이 귀해진다. 물 확보가 매우 중요하다. 11시쯤 만난 Hat Creek Resort에 들어가니 살 만한 물건이 거의 없다. 먹을 만한 음식도 없고, 와이파이도 되지 않고, 흔한 맥주 한 캔 없다. 스낵 3개로 요기를 하던 중 한 친구가 내게 묻는다.

"Thru Hiker(PCT를 단 한 번에 마치는 이를 가리킨다)?" "응, PCT 하이커야." "4마일쯤에 있는 스토어까지 태워 줄까?" "아니, 그냥 PCT 길로 갈 거야. 미안하지만 먹을 음식 있으면 내게 줘. 음식이 없어서 그래." 친구는 자기 차에서 뭘 가져온다. 크런치바, 포도 한 송이, 샌드위치를 내게 준다. 고맙다고 하니 "잘 걸어." 주유소 겸 가게인 Old

Station Fill-up에 가 5일 치 식량을 준비했다.

음식들이 맛있다는 JJ`cafe가 옆에 있어 문을 두드렸다. 종업원이 끝났다 한다. "하이커인데 지금 몹시 배가 고파서 그런데 아무거나 뭐 좀 먹을거리를 줘요."라고 애원조로 얘기했더니 종업원은 정성스럽게 샌드위치와 얼음물까지 더해 준다. Fill-up에 가서 와이파이를 쓸 수 있게 해 달라 했더니 자신들만 사용한다며 거절한다. 캐나다 PCT 허가 신청이 조심스럽게 물을 건너고 있다.

캔 맥주를 마시는데 느닷없이 눈물이 흐른다. 꺽꺽 소리까지 새어 나온다. 갑자기 왜 눈물샘이 터지는지 모르겠다. 아내가 보고 싶어 집에 가고 싶고, 이 무거운 배낭을 집어던지고 싶다. 왜 이리 무모하고 의미 없는 짓을 하고 있는지? 캔 맥주를 들이마시며 하염없이 눈물을 흘리는 이 모순적인 행동을 어떻게 설명해야 할까?

부부인 듯한 남녀가 내게 다가오더니 조심스런 목소리로 우는 이유를 묻는다. 눈물샘은 쉽게 닫히질 않는다. 미국 친구는 'Brother'라고 호칭을 하며 내 어깨에 손을 얹는다. 3개월 이상 그저 고생스런 걷기와, 앞으로도 언제까지 걸어야 하는지 기약 없는 시간 흐름 속에 내 자신이 놓여 있음이 뒤죽박죽 합쳐져 눈물로 이어진 듯하다.

자기 아들도 PCT를 걷는다는 클리프 바르톤(Cliff Barton)이란 친구가 내게 말을 건넨다. 키위 시스터즈도 안단다. "여기서 23마일 더 가면 Burney Mountain Guest Ranch가 나오고 그곳엔 와이파이가 터지고 음식들 아주 맛있으니 꼭 들렀다가 가."

물 네 모금으로 *20km*를 걷다

111일째를 맞는다. JJ`cafe에서 케토 스크램블러(Keto Scrambler) 와 커피로 배를 채웠다. 앱을 보니 25.7km를 가야 물탱크가 있다. 물 배분에 신경을 써야 한다. 오후 4시 반 물탱크에 도착했지만 주변엔 어디에도 물이 나오질 않는다. 내 물통엔 네 모금 분량의 물이 남아 있다. 20km를 더 가야 개울이 있다. 더욱이 운행 중에 어두워질 텐데 오도 가도 못하는 매우 난처한 상황에 처하게 될지도 모른다.

이럴 때 기대할 수 있는 경우는 그야말로 트레일 매직인데 눈을 씻 고 주변을 봐도 매직은커녕 개미 한 마리 없다. 햇볕은 뜨거워 물이 더욱 필요한 시점. 하지만 걷는 수밖에 없다. 비포장도로를 만나거나 갈림길이 있으면 트레일 매직을 기대해 볼 수 있으니 부지런히 가자. 한 시간에 한 모금을 마실 경우 네 모금쯤 마시면 20km 갈 수 있다.

걸을수록 점점 입안이 마르면서 침조차 나오질 않는다. 해가 점점 지고 있어 열기가 식는다. 밤공기도 점점 차가워져 그나마 걷는 데 조 금 보탬이 된다. 쉬면서 앱을 자세히 살피니 물탱크에서 60m를 더 가 야 물이 보관된 통이 있다. 경솔하기 짝이 없었다. 후회해 봐야 아무 짝에도 소용이 없는 일. 뒤돌아갈 수도 없는 노릇이다. 걷다 보니 정 신이 몽롱해진다. 몸에 물이 부족하니 탈진 현상이 생기는 모양이다. 답답하고 몸에서 열이 나는 느낌도 있다.

포장도로가 나오기에 웃통을 벗은 채 지나갈지도 모를 차량들을 기다려 보기도 했다. 20분이 지났음에도 헤드라이트 불빛 하나 보이질 않는다. 걷다 보니 나무 밑동에 3ℓ들이 물통에 물이 조금 들어 있다. 갈증을 해소하기에 충분할 만큼. 그 자리에서 물통을 다 비웠다. 10시쯤 한참이나 앞서간 슌의 텐트가 보인다. 물을 좀 달라고 했더니 1ℓ를 준다. 다 먹기가 미안해 반쯤 마시고 돌려주었다.

개울을 만난 시간은 밤 11시 반, 개울에 닿자마자 배 속에서 출렁출렁 물소리가 요란할 만큼 물을 채웠다. 알몸으로 물속에 들어가 멱도 감았다. PCT를 걸으며 멱을 감기는 처음. 몸에선 끊임없이 물을 부른다. 이렇게 많은 물을 마셔도 괜찮을까 싶을 정도로 엄청나게 마셨다. 잠을 청하면서 다짐한다. 이런 큰 실수는 단 한 번으로 족하다. 다시는, 다시는 이런 어리석은 짓을 하지 말자고. 오늘 오랜 시간 운행한 덕에 47.6km를 걸었다.

손이 큰 린다

이튿날 Burney M·G·Ranch에 가니 주인인 린다가 내게 묻는다. "Are you South Korean?" 아침에 만났다는 슌이 한국인 친구가 오리란 얘기를 했단다. 린다는 손이 무척 크다. 햄버거, 썬 토마토, 양

파, 과자를 큰 접시에 담아낸다. 하이커들의 배고픔을 잘 아는 듯 식사 후에 또 파이조각을 내준다. 맘에서 우러나오지 않으면 안 되는 행동이다. 하이커들의 입소문이 맞다.

조와 제이콥, 까멜라가 4시쯤 이곳에 도착했다. 저녁 식사는 더 푸짐했다. 닭고기, 상추, 오이, 당근이 맛있는 소스와 잘 버무려져 있다. 양이 엄청났다. 제이콥 일행은 밤 10시에 떠났다. 그들에게 말했다. "내일 만나."

출발 전 린다와 잠깐 애길 나눴다. 남편이 주한미군으로 근무했단다. 띄엄띄엄 '수원', '평택', 'DMZ'를 말하더니, "난 두 단어밖에 몰라. 안녕하세요, 감사합니다." 한마디 더 배우라 일렀다. "잘 가세요." 채 하루도 지나지 않았지만 린다의 몸에 밴 친절이 오랫동안 잊히지 않을 듯했다. 한참을 걷는데 세 사람이 숲속에서 출발 준비를 하고 있

손이 큰 린다

4,318km 꿈의 트레일

다. "내가 어제 얘기했지, 내일 만나자고." 셋이 웃음으로 답을 한다.

삼거리에서 갈 방향을 확인하려는데 폰이 없다. 잠깐 쉬었던 캠프그라운드에 놓고 왔다. 5분쯤 뛰어가다가 만난 부부가 내게 묻는다. "뭘 찾으러 가?" "내 휴대폰을 놓고 왔어." "애플? 삼성?" "삼성!" "여기 있어." 조금 늦었다면 그들을 만나지 못했을 테고, 내 폰은 또 다른 주인과 어색한 동행을 하게 되었으리라. 내 부주의가 또다시 빛을 발한다. 쉴 때마다 주변을 꼭 둘러보잔 다짐도 소용이 없다. 다시 한 번 다짐한다. 각성하라, 각성하라, 각성하라!

——— 제프와 올리비에의 도움

오른발 뒤꿈치가 갈라져 발을 디딜 때마다 아파서 고통스럽다. 살이 그쪽으로 몰려서 굳었고 갈라졌다. 오르막에선 정도가 덜하지만 내리막에선 정말 죽을 맛이다. 밴드를 붙였지만 소용이 없다. 지금껏 2,345km를 걸었다. 몸 여기저기서 탈이 나고 있다. 숲속엔 선선한 바람이 불어 내 발걸음이 가벼웠지만, 오른발 뒤꿈치는 여전히 아프다. 죽은 살을 도려내 그 자리에 후시딘을 발랐다. 오후 들어서부터는 통증이 거의 사라졌다. Squaw Valley Creek 텐트 사이트엔 8명의 하이커들이 잠자리를 만들었다. 지금껏 가장 많은 친구들을 보는 셈이다.

오늘은 해발 800m에서 2,300m까지 올라야 하는데 지금까지 운행 중 가장 높은 고도차를 보인다. 반대편에서 오는 두 친구가 내게 묻는다. "당신은 Thru Hiker?" "응." "언제 출발했어?" "3월 6일." "시에라 상황은 어땠어?" "눈, 눈, 눈. 눈 때문에 엄청나게 고생했지." "작년엔 3m 내렸어. 올해는 운이 좋아. 당신은 축복받았어." "고마워."

5번 하이웨이에 이르렀다. 샤스타 카운티(Shasta County)까진 제법 먼 거린데 차를 얻어 타기가 쉽지 않다. 30분 전 나와 잠깐 대화를 나눈 제프와 올리비에가 하이웨이로 진입하려 한다. 사정을 말하니 흔쾌히 태워 준다. 곤란한 상황에 처할 때마다 이렇게 쉽게 도움을 받는다.

숙박(Inn at Mount Shasta)비를 결제하는데 178달러 영수증을 내준다. 처음 가격과 달라 이를 보고 따졌더니 자신이 잘못 계산했다며 70불을 환불해 준다. 믿어야지.

시내를 내려다보고 있는 샤스타산은 해발 4,322m로 완벽한 원뿔 모양으로 우뚝 솟아 있다. 존 뮤어가 말한 얘기가 전해진다. "아직도 50마일을 더 가야 하는 몹시 지쳐 있는 상황에서 샤스타 화산이 눈에 들어왔다. 그 순간 내 혈관 속의 피는 하나도 남김없이 와인으로 변했고 피로도 남김없이 사라졌다."라고.

나이 든 헨리 데이빗 소로를 만나다

택시를 타고 다시 PCT 들머리로 간다. 5일 치 식량 무게가 내 어깨를 짓누른다. 더군다나 오늘도 또 1,500m 고도차가 난다. 무거운 배낭에 끝없이 오른다니 벌써부터 오금이 저려 온다. 산에서 텐트 생활을 하며 살아가는 마이클을 만났다. 70세에 수염이 길다. 헨리 데이빗 소로는 28살에 월든 호수로 들어가 살았지만 왠지 이런 생각이 들어 마이클에게 말했다. "당신은 『월든』을 쓴 헨리 데이빗 소로 같아 보여요."

마이클은 웃음을 머금은 채, 커피 한잔하고 가라며 모닥불 옆자리를 권한다. 시커멓게 그을린 커피 주전자가 오랜 친구를 보는 듯 왠지 정겹다. 덩치가 큰 검은 개 한 마리가 그의 반려견이다. 그가 어떤 연유로 이렇듯 산중 생활을 하는지 모른다. 하지만 그의 표정엔 오롯이 이 생활에 만족한다는 표정이 역력하다. 그의 정신세계를 엿볼 수 있다면 좋으련만. 띄엄띄엄 그와 얘길 나누었다. 크래커 두 봉지를 그에게 전했다.

이젠 왼발 엄지발가락 아래 불룩한 부분에도 통증이 온다. 뾰족한 돌이라도 밟게 되면 저절로 신음 소리가 터져 나온다. 오른발 새끼발가락에도 큰 물집이 잡혔다. 이래저래 걸음걸이가 고행이다. 발바닥의 통증과 경사가 운행을 더디게 했다. 하지만 풍경은 황홀할 지경이

산중 생활을 하는 마이클

었다. 샤스타산의 전경을 또렷하게 볼 수 있었고 길 주변 산세는 설악산과 비슷한 형태로 기기묘묘한 기암괴석들이 줄지어 있다. 길엔 잔돌들이 너무 많았다.

마이클 부부가 날 왕복으로 태워 주고

7월 첫날. 오늘부턴 내가 운행한 누적 거리와 누적 거리를 뺀 가야 할 거리를 나눠 표기할 생각이다. 가령 오늘까진 2,447km를 걸었고 나머지 거리는 1,816km가 남았다는 식으로 말이다. 길은 어제부터 계속 오르막이다. 17시간 이상 오르기만 한다. 길은 샤스타산을 중심으로 주변을 크게 돌면서 북쪽으로 향한다. 이틀 동안 걸었음에도 샤스타산이 동쪽에 있다가 남쪽에 있다가를 반복한다. 내일 부지런히 내려가면 12시 전에 하이웨이에 도착할 수 있다. 여기서 식량을 보급할 에트나(Etna)까지는 약 24km. 또 차 얻어 타기를 시도해야 한다.

3번 하이웨이에 도착하니 지나다니는 차량들이 거의 없다. 화물차가 오기에 히치하이킹 표시를 했지만 그냥 지나친다. 100m쯤 앞에서 차를 세우더니 후진해서 내 쪽으로 온다. 에트나에 간다고 하니 태워 준다. 이름은 마이클. 캘라한(Callahan) 우체국에서 일을 보고는 에트나로 간단다. 그의 아내가 내게 말한다. "우리는 에트나에서 일을 보고 다시 돌아가니 원하면 다시 PCT 지점까지 태워 줄게." "그렇게 해주면 고맙지. 날 데려다줘."

식량을 구입하고 점심까지 먹은 후에 두 사람과 만났다. PCT 지점에 도착해 마이클에게 말했다. "당신의 친절에 진심으로 감사해. 뭐라도 주고 싶은데 내가 한국 돈 만 원짜리 한 장 있으니 기념으로라도 주고 싶으니 받아 줘." 마이클은 단호하게 손을 젓는다. "마음으로만 받을게. 괜찮으면 우리 집에 가서 샤워도 하고 하루쯤 쉬어 가도 좋아." 이 또한 트레일 매직이 아닐 수 없으리라. 마음씀씀이가 정말 고운 부부다. "비자 기간이 얼마 남지 않아 쉴 수 있는 형편이 아니야. 정말 고마워." 언덕 아래로 가는 그들의 차량이 보이지 않을 때까지 손을 흔들며 감사를 표했다.

마이클 부부. 부인이 내 노트에 글을 쓴다.

트레일 네임이 '스낵'이라고

남은 기간 동안 매일 32km씩 걸으면 8월 27일엔 미국과 캐나다 경계인 'Monument 78'에 다다를 수 있다. 하루도 거르지 않고 걸어야 하는 부담이 있다. 가능할지 판단이 서질 않는다. 걸으면서도 가능하지 않다는 이유를 찾곤 했다. 양쪽 무릎이 주기적으로 시큰거리는 통에 이상이 오는 건 아닐까를 염려하고, 재충전과 휴식 없이 55일간을 줄곧 걷기만 할 수 있을는지, 다른 하이커들은 제로 데이(Zero Day)라며 충분한 휴식을 취하고 운행을 하는데 내가 무슨 철인이라고 내리 걷기만 할 수 있을는지…. 마음 한편엔 돌아가고 싶은 구석이 있지만 본전 생각에 또 고개를 좌우로 흔든다.

사슴인지 노루인지 한 녀석이 텐트 주변을 어슬렁대며 뭔가를 자꾸 갉아 먹는 소리를 낸다. 램프로 불빛을 비춰도 소리를 질러도 아랑곳하지 않는다. 녀석은 이런 상황에 익숙한 듯 나는 안중에도 없다. 야생에서 살아가야 할 녀석들이 텐트 사이트에서 어슬렁댄다는 의미는, 사람이 오면 뭔가 먹을거리가 생긴다는 학습 효과 때문이 아닐까? 도대체 뭘 갉아 먹나 살피니 내가 갈긴 소변 주변의 땅을 파헤치고 있다. 고작해야 요소와 염화칼슘뿐인데, 이걸 파먹으려고?

이제 북부 캘리포니아가 얼마 남지 않았다. 엄청나게 빠른 속도로 오는 여성 하이커와 인사를 한다. 자신의 트레일 네임이 '스낵'이란다. 스낵? 과자를 몹시 좋아하나? 나보다도 왜소한 체구임에도 걸음걸이가 시속 6km 이상이다. 순식간에 내 시야에서 사라진다. 2시간 후 Sowyers Bar Road에서 다시 그녀를 만났다. 그녀는 히치하이킹을 해 에트나로 가서 식량을 보급한단다. 이 길이 에트나로 가는 가장 짧은 길이라고 한다. 가만히 생각해 보니 어제 마이클 부부를 만난 일은 내겐 큰 행운이었다.

하루 종일 자갈밭을 걸었다. 물집 잡힌 부분과 발바닥 살이 몰린 부분에 돌이라도 밟히면 절로 신음 소리가 나온다. 조심해서 걷는 통에 시간이 많이 걸렸다. 더욱이 오르내림이 심해서 체력적으로도 많이 지쳤다. 그렇지만 욕심이 조금 생긴다. 하루에 35km씩 매일 운행하면 10일에 하루 쉴 수 있고, 매일 40km씩 운행하면 5일에 하루를 휴식할 수 있다.

텐트 사이트에 젊은 친구 3명이 캠핑을 하고 있다. PCT 하이커라며 내 소개를 했더니, 데니란 친구가 땅콩과 아몬드가 잔뜩 들어 있는 비닐봉지를 내게 건넨다.

북부 캘리포니아 마지막 마을, 세이아드 밸리 카운티

운행 122일째 아침을 맞는다. 데니 일행과 작별 인사를 나누고 부지런히 경사를 오른다. 요 며칠 사이에 예쁘고 앙증맞은 들꽃들을 제법 많이 만난다. 평소 우리나라 들꽃에 관심이 많았기에 녀석들을 놓치지 않고 찍었다. 이따금 만나는 미국 친구들에게 이 들꽃들의 이름을 묻곤 했는데, 누구 한 사람 아는 이들이 없다. 길섶에 고즈넉하게 핀 들꽃들의 존재를 자세하게 안다면 어느 길이 됐든 길을 바라보는 내 시선이 한 뼘쯤 더 다채로워지지 않을까.

졸졸졸 흐르는 한 줄기 샘물을 컵에 받아 마신다. 냉장고에서 막 꺼낸 냉수보다도 찬 기운이 더 깊다. 샘 주변엔 왱왱거리며 꿀벌들이 분주하게 꽃을 찾아다닌다. 평화롭고 한가로운 풍경이다. 내리막에 선 웃자란 풀들과 나뭇가지가 길을 뒤덮어 헤쳐 나가느라 아주 애를

먹었다. 무려 3km 이상을 쓰러진 나무들을 타고 넘고 길을 헤쳤다. 긁히고 찢겨 종아리는 만신창이가 됐다. 14시간을 운행해 42.4km를 걸었다. 이제 반나절만 걸으면 북부 캘리포니아에서 마지막 식량을 보급할 세이아드 밸리 카운티(Seiad Valley county)에 닿는다. 오리건(Oregon)이 손에 잡힐 듯하다.

지금까지 120일 이상을 걸었다. 오늘은 유난히 생각이 많다. 2,641km를 걸으며 뭘 얻었을까? 내 인생과 삶을 두루 짚어 보자며 고상한 척 사유(思惟)라는 관점을 내게 들이댔지만 이미 물 건너갔다. 소유에 집착하지 말고 비우며 살자? 보이지 않는 곳에서 헌신한 타인들의 존재를 깊이 인식함? 물욕에서 벗어나 자유롭고 평화로운 마음을 갖기? 자연을 벗 삼아 남은 인생을 살기? 어느 하나 집히지 않는

다. 시작은 창대(昌大)했지만 끝으로 갈수록 아주 보잘 데 없다.

비포장도로를 걷다가 길에 나와 있는 뱀을 보았다. 딴 곳을 보고 가다가 자칫 녀석의 머리통을 밟을 뻔했다. 녀석은 몸을 돌돌 말아 햇볕 바라기를 하는 모양이었다. 음식을 먹지 못해 몸뚱어리 전체가 말라 보인다. 내가 옆에서 쳐다보고 있는데도 꿈쩍도 하지 않는다. 작대기로 녀석의 꼬리를 슬쩍 건드리니 '앗 뜨거라' 싶었던지 순식간에 숲속으로 줄행랑을 놓는다.

포장도로를 따라 8km를 걸어 세이아드 카운티에 도착을 했다. 캘리포니아 전체 구간 중 마지막 상점(Seiad Valley Store)에서 필요한 음식물을 구입했다. 시원한 맥주와 치킨 조각으로 목을 축인다. 인근에 하이커들이 잘 간다는 The Wildwood Bar가 있지만 코로나19로 문을 달았다고 한다. 상점 옆에 유료 캠핑장이 있어 세탁과 샤워를 했다. 내일 아침 일찍 출발할 준비를 갖췄다. 이제 3일을 더 가면 북부 캘리포니아를 마치고 오리건으로 접어든다.

북부 캘리포니아를 넘다

해발 500m가 채 되질 않는 지역인데도 새벽녘엔 한기가 느껴진다. 카페에서도 하이커들에게 푸짐한 식사를 내준다. 달걀 프라이와 팬케이크, 채소를 맘껏 먹었다. 트레일 네임으로 'Ice Axe'를 쓰는 친구가 먼저 출발한다. The Wildwood Bar 앞에 가니 까멜라와 스낵이 의자에 앉아 쉬고 있다. 제이콥은 침낭 속에서 단잠을 자고 있다.

까멜라에게 물었다. "너희들 정말 8월 10일까지 완주가 가능해?" "글쎄, 나는 8월 15일 정도면 가능하다고 생각해." "나는 9월 1일에 비행기를 타야 해. 그러면 8월 27일엔 끝내야 하는데 가능할까?" 까멜라와 스낵이 말한다. "충분히 할 수 있고 가능해." 자신감이 생긴다. 애들이 내게 자신감만을 불어 주려 한 말은 아닐 터. 손을 흔들며 나 먼저 출발한다.

오늘도 해발 400m에서 1,800m까지 올랐다. 이후 길은 평탄했다. 지나면서 하이커 4명을 만났다. 한 친구는 바위 틈새에 등을 기댄 채

캘리포니아와 오리건 경계에 서다.

4,318km 꿈의 트레일

아주 편안한 자세로 휴식을 즐기고 있다. 여유와 낭만이 느껴진다. 나도 저런 편안한 모습으로 쉰 적이 있었나? 먼저 캠핑 장소를 확보한 스낵이 내게 물이 있는 장소를 알려 주며 말한다. "텐트 자리 하나 있어." "고마워!" 샘물이 아주 차고 시원하다. 샘물 이름은 Bear dog Spring Spur. 내일 반나절쯤 걸으면 12시 전에 캘리포니아와 오리건 경계에 닿는다.

나보다 늦게 출발한 스낵이 어느새 나를 추월하더니 저 앞에서 아침 식사를 하고 있다. 당찬 아가씨다. 웃으며 내게 피너츠바를 건네준다. 캘리포니아 지역의 마지막 개울인 도노모어 크릭(Donomore Creek)에서 물을 마신다.

시작한 지 125일 만에 캘리포니아와 오리건 경계에 섰다. 사막과 같은 모래 지역과 눈 덮인 시에라, 숲으로 뒤덮인 북부를 지나 마침내 오리건 땅에 들어섰다. 자연스럽게 들어섰다기보다는 필사적으로 탈출했다는 표현이 맞을 듯하다. 북부 캘리포니아를 28일 만에 넘었다. 마침 오리건에서 왔다는 친구의 도움으로 사진을 찍을 수 있었다. 오늘도 42.4km를 걸었다.

Part 4

올랄리에 호수(Olallie Lake)에서 본 제퍼슨산(Mt Jefferson, 해발 3,198m)

오리건

길은 그 자리에 있을 테고 난 무리하지 않겠다

★ 운행 구간 ★

캘리포니아주와 오리건주 경계 ~ 신들의 다리(Bridge of the Gods)

★ 운행 거리 ★

456.3mile(734.18km)

★ 운행 기간 ★

2020.7.8. ~ 7.28.

"우리는 모두 여행자이며, 타인의 신뢰와 환대를 절실히 필요로 한다."

– 김영하, 『여행의 이유』

동갑내기 까밀레의 친절한 도움

숲속에서 맑고 청아한 방울 소리가 들린다. 콜롬비아 보고타 광장에서 들었던 행드럼 소리와 흡사했다. 잘못 들었을까 싶어 귀를 기울였고 역시 선명한 음으로 들려온다. 그 선율은 잔잔하게 불어오는 바람에 얹혀 내 귀에 살포시 앉는다. 눈을 감고 잠시 저 소리의 선율을 들었다. 해발 2천 미터가 넘는 곳에서 나는 저 선명한 음은 무엇일까? 방목하는 소의 목에 걸린 워낭 소리다. 어떻게 여기까지 올라왔는지 알 수 없지만, 자연 속에서 맘껏 풀을 뜯으며 평온을 누리고 있으니 저들이야말로 안분지족(安分知足)의 삶을 누리고 있다.

Old highway에 닿았지만, 옛날 도로라 오고 가는 차량들이 거의 없다. 오전에 만났던 카밀레 가족이 날 알아보고 차를 세워 준다. 영국에 사는 사위와 딸이 와서 함께 트레킹을 하고 돌아간다며 기꺼이 인근 아슈랜드(Ashland)까지 태워 준다. 카밀레는 중학교 영어 교사이며 나이는 나와 동갑이다. 이렇게 또 도움을 받는다. 식량을 보급하는 동안 날 기다려 주었고 다시 원점으로 데려다주기까지 했다. 더군다나 카밀레는 아슈랜드보다 훨씬 먼 메드퍼드(Medford)에 산다니 날 위해 먼 거리를 왕복한 셈이다.

메일 주소를 주고받으며 그녀가 내 노트에 이렇게 썼다. 'Have fun.' 딸인 이사벨도 날 위해 글을 써 주었다. 'Enjoy the hike, Mr

오른쪽부터 카밀레, 딸 이사벨, 이사벨 남편

Choi.' 이런 생각을 해 본다. 오전 중 카밀레가 내게 말을 걸어왔을 때 내 태도가 무뚝뚝하거나 퉁명스럽게 답을 했다면 그녀가 선뜻 날 태워 줬을까? 사람의 일이란 게 참 모를 일이다. 낯선 사람과의 첫 만남에 대해 다시 한번 깊이 생각한다. 그녀는 날 신뢰했고 환대해 주었다. 환대와 신뢰야말로 길을 걷는 이들이 받는 최고의 선물이다.

어려움이 닥칠 때마다 누군가가 도움을

앱상엔 분명히 물이 흐르는데 Creek에 물이 없다. 16km를 더 가야 물이 있는데 도저히 갈 수 있는 시간이 아니다. 졸졸졸 흐르는 샘

루이

물이라도 있겠지 싶었지만 길은 능선으로 향한다. 개와 함께 트레킹을 하는 사람을 만났다. 남은 물이 있으면 달라 했더니 물통째 준다. 몇 시간 전에 카밀레 차를 얻어 탔고 방금 또 물을 얻는다. 불행은 겹으로 온다는데 난 타인의 도움을 쌍으로 받는다.

텐트 사이트에 짐을 풀던 중 루이(Louie)라는 친구가 웃통을 벗고 배낭을 맨 채 산길을 뛰어오고 있다. 차림을 보니 산악 트레일 연습을 하는 듯했다. 사진 한 컷 찍고 싶다 했더니 흔쾌히 포즈를 취해 준다. 인사치레가 아주 정중하다. 두 손을 모아 합장하듯 인사를 한다.

물이 부족하니 어젯밤에 이어 아침도 빵으로 식사. 숲에서 불어오는 선선한 바람이 뼛속까지 들어간다는 느낌을 받는다. 숲에서 불어오는 바람의 촉감을 한 번쯤 느껴 본 적이 있는 이라면 이 시원함의 의미를 알 수 있으려니. 바람은 하늘로부터 날아와 숲을 거치며 바람

4,318km 꿈의 트레일

속에 있는 크고 작은 불순물들이 걸러진다. 우리 몸에 닿을 때쯤이면 숲속 샘물처럼 맑고 깨끗해진다. 고갱이라고나 할까. 그런 바람이 내 피부에 닿는 순간을 생각해 보라. 몸은 저절로 공중으로 붕 뜬다. 숲속 길을 걸으며 저 바람이 가진 맑음의 밀도(密度)를 생각한다.

어느덧 스냅이 내 뒤에 와 있다. 내가 묻는다. "다음 보급지는 어디로 정해?" "Fish or Creater Lake." "알았어." 그녀는 하루에 25~30마일을 걷는다 했다. 8월 19일에 'The End' 한단다. 매일 40km 안팎으로 걷고 있으니 나도 승산이 있다.

어제만 해도 힘들게 걸었던 까닭에 완주에 대해 비관적이었지만, 컨디션이 좋은 아침이 오면 다시 다짐을 한다. 완주에 자신이 있다고. 미국 사회운동가이자 정치인인 엘리너 루즈벨트는 '새로운 날이 오면 새로운 힘과 새로운 생각들이 함께 온다.'고 했다. 어니스트 헤밍웨이의 소설 『태양은 다시 떠오른다』처럼 희망은 늘 아침에 있다.

완주해야 할 목표는 또 있다. 암과 싸우고 있는 친구가 생존의 의지를 다질 수 있도록 완주를 해야 한다. 내 발걸음 횟수가 많아질수록 친구 몸에 기생하는 암세포가 사라진다는 확신도 작용한다. 청년재단과 약정한 후원금 기부도 마찬가지다. 한 발짝 뗄 때마다 청년들에게 뭔가 도움을 줄 수 있다는 기대감이 조금씩 커져 간다.

트레일 엔젤 빌(Bill)이 캔 맥주 1캔과 사과를 건네준다. 친구는 2018년 PCT를 완주했단다. 빌이 말한다. "워싱턴 구간은 5~6주쯤 걸어야 돼." 그렇다면 최대치로 잡더라도 8월 23일엔 미국과 캐나다

트레일 엔젤인 빌. 자신의 캠핑카를 타고 길 들머리나 날머리에서 하이커들에게 음료를 제공한다.

국경에 닿을 수 있다는 얘기. 고무적이다. 해 보자. 늦어도 8월 25일 까진 도착할 수 있겠지. 피쉬 호수 리조트에서 하루를 쉰다.

매드포드(Madford)에 가서 충전기 팩을

일찍 기상해 화장실에 갔더니 어젯밤에 꽂아 놓은 보조배터리팩 이 사라졌다. 리조트 직원 두 명이 샅샅이 살폈지만 모른단다. 낭패 다. 누가 가져가리란 생각을 해 본 적이 없다. 아이폰에는 내 배터리 팩이 맞지 않아 가져가 봐야 아무 소용이 없을 텐데. 직원인 로버트 (Robert)는 아마존을 통해 구입하란다. 며칠을 기다려야 할 텐데 쉬운 일이 아니다. 보조배터리팩이 없으면 운행을 할 수가 없다. 그야말로 진퇴양난이다. 내겐 이렇게 중요한 물건을 누군가가 가져갔고 난 이렇게 곤란한 경우를 겪는다. 무심코 던진 돌에 개구리 맞아 죽는 격이다.

옆에서 내 얘길 듣던 에드워드(Edward)가 말한다. "나는 내일 9시에 매드포드에 가. 그곳에 있는 숍까지 태워 줄게. 올 때는 택시타고 와." "알았어, 고마워." 여러 사람들의 도움으로 문제가 해결되는 듯했다. 조금 후에 에드워드가 말한다. "지금 갈래, 내일 갈래?" "지금." "그럼 15분 후에 출발." "오케이." 매드포드 시내에 있는 'Best Buy'숍에서 맞춤한 배터리팩을 샀다.

에드워드는 여직원에게 부탁해 택시까지 잡아 주었다. 에드워드가 뭔가를 적어 내게 건넨다. 오늘 밤 자기 캠핑카 주위에서 캠핑을 해도 된다는 글이었다. 헤어지면서 에드워드는 폰 연결 코드까지도 내게 주었다. 참 세심하기도 하지. 끝없는 도움의 연속이다. 고맙다는 말과 내 이메일 주소를 적은 쪽지를 그의 캠핑카 문 틈새에 끼워 넣었다. 메일 주소를 내게 보내 달라고, 감사의 말을 전하고 싶다고.

트레일 엔젤인 빌의 차량엔 도넛과 물이

하이커들은 오리건 구간 PCT 길이 비교적 평탄해 빠르게 걸을 수 있다고들 한다. 고도 차이가 심해도 원체 완만하게 휘고 돌아 나간다. 잘린 나무 위에 사과가 한 개 놓여 있다. 아침에 먹는 사과는 금이라 했던가, 냉큼 주워 먹었다.

본격적으로 걷다 보니 전혀 예상치 못한 적이 나타났다. 모기떼다. 내가 멈추는 기색이라도 있으면 벌떼같이 달려들어 침을 들이댄다. 얼굴은 물론 어깨에도 수십 마리가 순식간에 달려든다. 따끔거리고 간지러워 아주 미칠 지경이다. 모기에게 물어뜯기지 않으려 부지런히 걸었다. 거의 쉬질 못했다. 그 덕에 44.2km를 걸었다. 이따금 만나는 하이커들은 모자에 망(Head Net)을 덮어써 모기의 접근을 막았다. 오리건 길에 모기가 이렇게 많다는 사실을 전혀 몰랐다.

텐트를 걷는데 또다시 모기의 습격을 받는다. 깊은 산중에 서식하는 모기의 특성상 먹을거리가 없다고 하지만, 그래도 내게 무자비하게 달려드는 경우는 정말 곤란하다. 텐트 안에서 짐을 다 싼 후 빠르게 텐트를 걷어 도망치다시피 출발을 한다. 오르막이 계속 이어진다. 시간이 흐를수록 몸이 몹시 고되다. 이쯤에서 완주를 포기하고, 하루에 30km 이내로 걸으며 풍경을 즐기다가 오리건주와 워싱턴주 경계인 '신들의 다리(Bridge of the Gods)'에서 운행을 멈출까를 수없이 생각했다.

뭔가를 중단하거나 멈추려 할 경우 그 이유는 수십 가지가 된다. 맘을 다져 먹고 속으로 이런 기도를 했다. '내가 완주할 수 있도록 의지와 확신을 더해 주십시오. 내 완주는 암과 싸우고 있는 친구에게 큰 힘이 됩니다. 청년들에게도 신념과 희망을 심어 주는 내 걸음걸이를 중간에 포기하거나 멈춰 서게 할 수는 없습니다. 두 다리엔 힘을, 머리엔 의지와 확신을 불어넣어 주시길⋯.'

62번 하이웨이 도로 옆 주차장에 서 있는 캠핑카 앞 유리창에 'Trail magic'이라고 쓴 골판지가 보인다. 낯이 익은 차다. 며칠 전에 만났던 빌의 차량이다. 그가 어딜 갔는지 보이질 않고, 발판에 도넛이 여러 개 있다. 물병도 여럿 보인다. PCT를 걸었던 빌은 누구보다도 하이커들의 배고픔을 잘 안다. 그러기에 이렇게 트레일 엔젤 역할을 하지 않는가! 텐트를 칠 때마다 달려드는 모기가 극성이다. 뒷일을 할 때도, 짐을 정리할 때도, 심지어 소변을 볼 때도 예외가 없다. 본격적으로 모기와의 싸움을 시작해야 하려나 보다.

오늘도 부지런히 운행했고 46.3km를 걸었다. 몸에 피로가 점점 쌓이고 겹친다. 체류 연장 신청이 받아들여진다면 얼마나 좋을까. 그렇다면 천천히 주변을 관찰하면서 여유 있게 운행할 수 있을 텐데.

──── 차를 태워 주는 데 인색하다?

길옆에 Water Cache 철판 박스가 있어 열어 보니 물과 스낵바, 참치 팩, 건조식품 등이 수북하다. 처음 보는 식량이 많아 선뜻 손이 가질 않는다. 그저 아는 스낵바와 참치 팩 몇 개만 집었다. 모기 덕(?)에 걸음 속도가 붙는다.

예상보다 일찍 138번 하이웨이에 닿았고, 다이아몬드 호수로 간다는 차량을 얻어 탔다. 휴양지라서 그런지 물건 값이 매우 비싸다. 심지어 와이파이 사용료까지 받는다. 침대에서 자고 나니 몸 컨디션이 한결 좋아졌다. PCT로 복귀하기 위해 리조트 직원에게 차량 픽업을 부탁했지만 곤란하단다.

무작정 138번 하이웨이로 나섰다. 도로에서 2시간 반을 기다렸지만 날 태워 줄 만한 차량들은 보이질 않고 거의 캠핑카다. 무작정 걸었다. 햇볕이 뜨거워 숨이 턱턱 막힌다.

1시간 반쯤 걷다가 매드포드 삼거리에서 부부가 탄 화물차를 만난다. PCT 진입로까지 5~6마일쯤 된다 하니 흔쾌히 태워 준다. 차는 내 방향과는 반대로 되돌아간다. 깍듯하게 고맙단 인사를 했다. 미국에선 원래 차를 잘 태워 주질 않는다는 얘길 들었지만, 내가 경험한 바로는 정반대다. 왜소한 동양인이 자신보다 큰 배낭을 멨으니 측은함도 들었으리라.

발걸음을 재개 해 7,560ft(해발 2,304m) 지점에 닿았다. 오리건주와 워싱턴주 PCT 구간 중 제일 높은 곳임을 알리는 표지판이 나무에 걸려 있다. 앞으론 이 이상 높은 곳은 없다는 뜻이리라. 계속 내리막이다.

PCT상 오리건주와 워싱턴주 구간에서 제일 높은 곳. 해발 2,304m

보이 스카우트 활동을 했다는 친구에게
식량을 얻다

제 폼이 제일인 듯 기암괴석들이 자신을 뽐내며 도열해 있는 틸센산(Mount Thielsen, 해발 2,799m)을 오른쪽으로 보며 윈디고 패스(Windigo Pass)에 닿으니 보조배터리팩이 수십 개다. 필요하면 가져가라지만 내겐 소용이 닿는 물건이 하나도 없다. 바르는 모기약도 몇 갑 있기에 한 갑(12개)을 챙겼다. 써미트 호수(Summit Lake)를 왼쪽에 끼고 들어서니 모기떼가 달려든다. 수십 마리가 아니라 수백 마리가 불법으로 내게 달려들면서 무단으로 내 피를 가져간다. 가뜩이나 식사량이 부족한데 피까지! 반대편에서 오는 하이커는 모자에 망을 걸쳤다. 얼마나 부럽던지.

써미트 호수 캠프그라운드에서 운행을 멈췄다. 오늘로 운행 거리 3,000km를 넘었다. 이제 가야 할 길은 1,300km 이내. 눈앞에 목표 지점이 성큼 다가왔다. 거즈에 약물이 묻은 모기 퇴치제를 어깨와 팔, 무릎에 바르고 노출을 시켜 봤다. 모기들이 사정없이 달려들다가 방향을 튼다. '앗 뜨거라' 하는 듯했다. 옳거니, 아주 잘됐다.

식량을 확인하니 하루치가 부족하다. 행동식도 반나절쯤 먹을 양이 없다. 호숫가로 캠핑 나온 가족들에게 염치 불고하고 부탁을 한다. "한국에서 온 PCT 하이커인데 식량이 조금 필요하니 도움을 좀

줘." "물론이지. 나도 보이 스카우트 활동을 해 봐서 잘 알아." 친구는
치킨, 바나나, 스낵, 트레일 견과류, 퀘이커 오트밀을 건네주며 "이
정도면 돼?" 이 정도라는 게 이틀 치 행동식 양이었다. "정말 고마워.
잘 먹을게." "Happy Trail!"

모기의 습격 때문에

모기 퇴치제를 바르고 운행을 한다. 녀석들이 얼굴 주변에서만 웽
웽대며 달려들지를 못한다. 아마도 모기는 '저 엄청난 먹이를 눈앞에
두고도 내 침을 꽂지 못하다니 환장할 지경이군.' 이러겠다 싶었다.
트레일 매직 표시가 있다. 또 빌이다. 이 친구는 트레일 엔젤 역할이
취미인가 보다.

도로와 만나는 PCT 진입로에 자기 차를 세워 놓고 준비해 온 음식
들을 제공해 준다. 캔 맥주를 2개나 얻어 마셨다. 빌은 자신이 PCT
를 운행하면서 찍은 '신들이 다리'를 보여 주며, 내가 10일 안으로 도
착할 수 있으리라고 설명해 준다. 자신은 매일 28마일씩 걸었단다.
1,983마일 지점에서 다시 만나기로 하고 그와 헤어진다.

얼굴에 바른 모기 퇴치제 기운이 떨어졌는지 모기들이 습격해 온
다. 눈, 코, 입, 귀, 목, 어깨 가리지 않고 극성으로 덤벼든다. 공정치

못한 대결이다. 녀석들이 일정한 전략을 가지고 덤벼들면 내가 눈치
채고 대응을 할 텐데 이건 선착순으로 내게 달려드니 응전하거나 반
격할 도리가 없다. 얼굴이나 다리에 붙어 내 허락 없이 피를 가져가는
녀석들을 때려눕히는 데도 역부족이다. 무작정 손을 흔들며 녀석들
을 쫓는 수밖에.

연일 45km 행군

　길은 평탄해 제법 많이 걸을 수 있는 조건. 일요일이어서인지 산책
차람의 사람들이 제법 오고 간다. 그제 46.6km, 어제 46.5km, 오늘
45.5km. 연일 45km 이상을 강행군한다. 하지만 몸은 지친다는 기색
이 전혀 없다.

　다리엔 걷는 데 쓰는 근육이 제법 활발하게 활동을 할 테고, 난 그
힘으로 부지런히 운행을 한다. 다만, 오르막을 오를 때면 오금이 주기
적으로 욱신거리며 통증이 온다. 대수롭지 않게 생각하지만 신경을
쓰면서 살필 필요가 있다.

　아침에 일어나니 '햇볕은 쨍쨍, 모래알은 반짝'이다. 산에 어찌 비
한 방울 내리질 않는지, 조금쯤 흐린 날이 있어도 좋으련만. 텐트를
걷는데 달려드는 모기가 수백 마리. 보시하는 셈 치자 하며 이젠 아예

산불 현장. 살아남은 나무는 단 한 그루도 없다.

녀석들에게 내 몸을 맡긴다. 왼쪽 볼과 이마 전체엔 조그만 혹들이 수십 개 생겼다. 이 모기들이 병원균을 옮기는 놈들은 아닐 테지. 며칠간 뜯겼지만 아무렇지도 않은 걸 보면 무시해도 될 듯.

햇볕이 강해 앞을 제대로 볼 수가 없다. '세 자매' 산을 오른쪽으로 보며 끝없는 벌판을 걷는다. 북쪽으로 가는 하이커 두 명 중 여성은 올리비아. 앳된 모습이지만 행동이 아주 당차 보인다. 시스터 지역 명물인 세 자매(South Sister, Middle Sister, North Sister) 봉우리를 오른쪽에 두고 끝없는 평원을 걷고 있다. 주변이 훤히 틔어 눈이 즐겁게 걸었다. 수려한 경관을 가진 30m 높이의 폭포도 보았다.

세 자매 봉 중 하나인 북쪽 봉. 뾰족한 봉은 중앙 봉

이름 모를 봉우리. 기묘한 형상이다.

빌이 끓여 준 만둣국에 감동을

사방이 온통 용암 지대인 길을 지난다. 오랜 옛날 화산 폭발의 현장이다. 끝이 없을 만큼 넓다. 해발 2천 미터가 넘다 보니 음지엔 여전히 눈이 수북이 쌓여 있다.

242번 매켄지 하이웨이에 도착. 빌을 만날 수 있으려니 했지만 보이질 않는다. 디 라이트 천문대(Dee Wright Observatory)에서 화물차를 얻어 타고 20여 km 떨어진 시스터즈(Sisters)로 갔다. 숙소(Sisters Inn & Suites)에 짐을 풀고 나서 직원에게 부탁해 트레일 엔젤을 통해 내일 아침 7시 반에 픽업해 달라 부탁했다.

직장 선배와 카톡 대화를 했고, 선배는 포틀랜드에 사는 후배에게 내 얘길 했단다. 하여 4일 후 오후 4시에 26번 하이웨이 옆 주차장에서 만나기로 했다. 산속에서 한국인과의 인연이 시작되나 보다. 가능하다면 워싱턴 구간에서 그분들께 몇 차례 차량 도움을 받는다면 운행이 훨씬 빠를 듯하다. 아내와 잠시 통화를 했다. 계속 걷다가 골병들지 말고 '신들의 다리'에서 운행을 멈추고 돌아오라고 했지만, 그럴 순 없다.

이튿날 트레일 엔젤인 브렌치(Brenche, 76세 여성)의 차량을 얻어 타고 들머리에 도착했다. 브렌치가 도로 주변 큰 산들을 가리키며 설명을 해 준다. 워싱턴산, 제퍼슨산, 5마일 이내엔 물이 없고 모기도

많지 않단다. 8월 이후엔 모기가 거의 없다며 안심을 시킨다. 이제 모기의 극성으로부터 벗어나는가 보다.

들머리에 빌이 차량 앞에 앉아 있다. 벌써 세 번째. 캔 맥주와 복숭아를 준다. 대화를 나누다 보니 빌은 전직 경찰관. 지금은 부동산 임대 사업으로 수입을 얻는다고. 좀 기다리라고 하더니 큰 컵에 만둣국을 끓여 내준다. 자기 누나가 한국 만두를 좋아한단다. 뜨끈한 국물에 채소들을 많이 넣어 개운하고 시원하다.

빌의 정성에 잠깐 콧등이 시큰해진다. 감동이었다. 세상에 그저 스쳐 지나가는 외국인 하이커에게 지극정성으로 음식을 만들어 주는 일이 어디 그리 쉬운가!

안쓰럽게 걷는 노부부

잠시 얘길 나눴던 미국인 부부가 먼저 출발한다. 걸음걸이가 다소 불편해 보인 남편을 아내가 뒤에서 보살피며 천천히 걷고 있다. 남편이 갑자기 몸의 균형을 잃으며 오른편으로 쓰러진다. 오른쪽 팔꿈치가 찢어져 피가 흐른다. 배낭을 벗고는 얼른 그를 부축해 세웠다. 그의 아내가 안쓰러운 눈으로 그의 팔을 잡아 주며 힘겹게 걷는다.

길은 여전히 용암 지대로 이어져 있다. 모기가 서식하지 못하는 환경이라서 그런가? 모기의 습격이 끝났나 보다. 3천2백 km를 넘어섰다. 텐트를 치려 하니 모기떼가 덤벼든다. 얼굴, 다리 등 맨살에 달라붙어 사정없이 침을 꽂는다. 모기의 습격이 아직도 진행 중이다.

이상하게도 운행이 더디다. 체력 고갈? 의지 소진? 발바닥과 무릎 통증이 계속 된다. 7월 29일부터 워싱턴 구간을 시작한다고 쳐도 30일간 862km를 걸을 수 있을까? 매일 30km 이상 걷는다면 가능하다. 하지만 하루도 쉬지 않고 갈 수는 없지 않은가! 아내 말마따나 골병이 들 수도 있겠다 싶다. 아쉽지만 내년으로 미룰까?

운행 중 처음으로 미국 산림청격인 National Forest 직원 마리를 만났다. 사진을 찍고 싶다 했더니 포즈를 취해 준다. 미국 친구들은 사진 찍겠다고 하면 어느 누구도 거부하는 경우가 없다. 바로 웃는 표정을 짓는다.

포틀랜드에 사시는 이선구 님

운행 140일째 아침을 맞았다. 출발 후 1시간이 지날 무렵, 제퍼슨 (Jefferson)산이 우뚝 선 모습으로 당당하다. 꼭대기엔 여전히 눈을 이고 있다.

내일 오후 4시쯤 만나기로 한 장소까지 가야 한다는 약속에 대한 의무감이 거의 불가능한 상황을 가능으로 바꿔 놓았다. 어제와 오늘 합해 무려 94.8km를 걸었다. 내 체류연장 허가 신청이 불발될 경우 미련 없이 집으로 돌아가겠다는 생각이 계속 날 사로잡고 있다. 부실한 음식에 매일 40km 이상을 걷고 있으니 몸에서도 뭔가 이상 징후가 오고 있지 않을까 싶기도 하다. 무릎에선 계속 비정상이란 신호를 보내오고 있다. 주인이 뭔가 중대한 결심을 하라는 의사표시인지도 모른다.

따뜻한 물이 샘솟는 강(Warm Spring River) 앞에서 밤을 보냈다. 어제 너무 많이 걸어서 그런지 몸이 무겁다. 운행하면서 갈등이 이어진다. 운행을 멈추느냐 계속하느냐를 두고 '싫다'와 '좋다'가 끊임없이 대립한다. 운행을 하며 지금껏 날 지탱해 온 요소들은 의지, 인내, 고집이라면 아내는 무리, 골병, 다리 손상 등과 같은 지극히 현실적인 부분들을 주장했다. 다 날 걱정해 주는 때문이리라. 이번엔 꼭 아내가 요구하는 대로 하자. 그러면서도 또 딴 생각이 머리를 쳐든다. '안 돼,

지금껏 그 고생을 하며 예까지 왔고 이제 남은 거리는 900여 km. 할 수 있다. 언제 다시 이곳에 올 수 있을지 기약도 없잖아.'

한 여성이 날 보고 알은체를 한다. 포틀랜드에 사시는 이선구 님이다. 5일 전 약속했던 오후 4시 10분에 만나잔 약속을 난 10분 늦춰 지켰다. 내가 생각해도 참 대견하다. 날 위해 음식을 준비해 오셨다. 내가 좋아하는 막걸리에다가 겉절이, 버섯무침, 김치 햄 볶음, 김, 잡곡밥! 거의 5개월 만에 먹어 보는 집 밥이다. 주유소 옆 나무 벤치에 앉아 삽시간에 그릇들을 모조리 비웠다. 아무리 학교 선배가 부탁한 일이라지만, 처음 보는 이를 위해 이토록 맛있는 음식을 해 오시다니 고맙고 감사하며 미안할 따름이었다. 시내로 나와 호텔까지 잡아 주셨다. 내일 아침 6시 반에 날 태우러 남편과 같이 오겠다며 돌아가신다.

——— 돌아가겠다고 아내와 약속하다

"여보, 앞으로 이틀만 걸으면 케스케이드 락스(Cascade Locks)에 닿아. 오리건주와 워싱턴주 경계인 컬럼비아강이 있고 그 강을 건너는 '신들의 다리' 앞까지 걷고 집으로 돌아갈게. 다만, 조건이 있어. 체류 연장 허가가 날 경우 완주하고 가도 시간이 충분하니 그렇게 할게."
"어휴, 잘 생각했어. 그런데 체류 연장이 되면 필라델피아까지 가서 지문 찍고 수수료 천 불 내고 해야 하는데 그럴 필요가 있을까? 시간이 문제가 아니라 몸 상태가 더 나빠질 수 있으니 그냥 돌아와." 아내는 내 몸의 이상을 더 염려한다. "8월 1일 시애틀에서 출발하는 항공권을 예매했어." "알았어. 돌아갈게." 아내가 좋아하니 내 마음의 짐이 씻긴 듯 한결 가볍다.

이 선생님은 남편과 함께 오셨다. 인상이 아주 선한 분이다. 목소리가 차분하고 톤이 낮아 신뢰가 간다. 말투가 범상치 않다. 아니나 다를까, 글을 쓰시는 분이란다. PCT 들머리에 가니 이선구 님이 가져오신 잡곡밥과 불고기, 김치를 내놓으신다. 참, 신세가 이만저만 아니다. 찐 옥수수까지. 두 분이 보여 주신 후의(厚意)에 감사를 표했다.

후드산(Mount Hood, 해발 3,429m)에 있는 명물 팀벌라인 로지(Timberline Lodge)에선 하이커들에게 잘 알려진 햄버거를 먹지 못했다. 사람들이 얼마나 많은지 기다리는 줄이 끝이 없다. 해발 3천 미터가 넘는 산이다 보니 꼭대기엔 여전히 잔설이 많아 활강을 하는 스키어들이 넘친다. 반바지나 짧은 팬츠 차림의 남녀가 하강하는 모습에 젊음의 열기가 넘쳐난다. 한여름 7월 26일에 스키라니! 로지 주변엔 스키어, 하이커, 평상복 차림의 사람들 수백 명이 북적인다. PCT를 걸으며 이렇게 많은 사람들을 본 적이 없다.

코로나 역병 시대이니만큼 모두 마스크를 쓰고 있다. 마스크를 착용하지 않은 나를 보며 모두 2m 이상씩 거리를 벌린다. 이른바 '사회적 거리 두기'를 철저하게 지키고 있다. 오늘 하루 30km 남짓 걸었

후드산. 왼쪽 중간에 스키장 곤돌라가 보인다.

다. 이렇게 천천히 사방 풍경을 즐기며 걸었던 적이 언제였던가. 앞으로 케스케이드 락스까지는 60마일. 20마일씩 3일만 걸으면 이제 내 운행을 마친다.

——— 신들의 다리(Bridge of the Gods)에서 운행을 멈추다

종일 후드산을 보며 운행을 한다. 이틀만 걸으면 길을 멈춘다는 생각으로 걷다 보니, 며칠 전만 하더라도 어떻게 40km 이상을 걸었는지 남의 일 같아 보인다. 천천히 걸었는데도 38.9km나 걸었다. 여유를 부렸어도 내리막이 계속된 덕이리라. 이제 특별한 경우가 아니라

면 오늘 밤이 사실상 마지막 야영이다.

이선구 님이 주신 오가피주를 따라 잔을 들고는 영상을 찍었다. "한 모금은 내 걱정을 나만큼 한 내 아내를 위해, 한 모금은 PCT를 걷느라 수고가 많았던 나 자신을 위해, 마지막 한 모금은 PCT 길을 위해 건배!"

145일째를 맞는 아침. 길을 걷는 마지막 날이니만큼 각별하다. 걸으며 보는 풍경들이 다르다. 더 자세히 보게 된다. 특별히 이 구간엔 앙증맞은 들꽃들이 많아 자꾸 내 발걸음을 멈추게 한다. 남은 거리인 16.5마일이 제법 길다. '신들의 다리' 앞에서 동영상을 찍으며 해야 할 말을 수십 번 되뇌었다. 오후 4시에 난 '신들의 다리' 중간 오리건주와 워싱턴주 경계에 섰다. 다리는 모두 철제로 이루어져 있다. 도로도 아스팔트가 아닌 촘촘한 사각형 철제망이었다. 사각형 아래엔 컬럼비아강이 유유히 태평양을 향해 깊게 흐르고 있다. 워싱턴주로는 한 발짝도 넘질 않았다. 3,456.2km 지점이다.

　그 경계선에 서서 동영상을 찍었다. "나는 지금 7월 28일 화요일 오후 4시 PCT상인 오리건주와 워싱턴주 경계인 '신들의 다리' 중간 지점에 왔습니다. 앞으로 30일 남짓 남았는데요, 지금 내 몸 상태는 극도의 피로에 쌓여 있고, 내 장점 중 하나인 의지조차 소진되었습니다. 더욱이 양쪽 무릎에 이상이 생겨 운행 중 계속 고통을 겪고 있습니다. 무리하게 운행을 더 했다간 자칫 내 몸을 망가뜨리지 않을까 저어됩니다. 해서 나의 PCT 운행을 여기서 중단하렵니다. 조금 더 가다가 어중간하게 돌아오느니 아예 워싱턴 한 구간을 남겨 놓는 게 좋다고 판단했습니다. 아쉽지만 워싱턴 구간은 다음을 기약할 수밖에요. 그간 관심을 갖고 응원해 주신 분들께 진심으로 고맙단 말씀을 드립니다. 여러분, 안녕!"

　다리를 건너는 친구에게 부탁해, 나무 작대기를 들고서 사진을 찍었다. 내년을 기약하며 맘을 다지려는 내 의지의 표시로. 숙소(Bridge of the Gods Motel)에 짐을 풀었다. 앱을 보면 하이커들에게 아주 친절한 숙소란 글이 올라와 있다. 비용도 비교적 저렴한 하루 97불.

　인근 컬럼비아 마켓에 가 오늘 저녁 식사와 내일 아침 식사거리를 구입했다. 두 분은 진수성찬을 해 오셨다. 컬럼비아강 공원에 가 음식을 나눈다. 아니, 내가 이런 대접을 받을 자격이 있나, 도대체 선배께서는 어떤 말씀을 하셨기에 후배라는 분이 이렇게 정성스레 음식을

신들의 다리(Bridge of the Gods), 아래 흐르는 강은 컬럼비아강

준비해 오셨을까? 불고기, 겉절이, 잡곡밥, 국순당 막걸리 3통, 멸치 볶음…. 잔을 부딪치며 이야기를 곁들인다. 내일 아침 또 날 픽업하러 오신단다. '신들의 다리' 위로 떠오르는 달이 우리 쪽을 향해 은은하 게 달빛을 비춘다. 마치 '지금껏 수고했으니 이제 아내가 기다리는 집 으로 잘 돌아가라'는 듯이.

내년을 기약하며 집으로

이튿날 두 분과 함께 잠시 인근을 둘러보며 아쉬움을 달랬다. 워싱 턴 쪽으로는 눈길 한 번 주질 않았다. 내년에 반드시 이곳에 다시 오겠

4,318km 꿈의 트레일

신들의 다리 부근에서 만난 트레일 엔젤 빌. 그와는 무려 네 번이나 만났다.

다는 일념 때문이었다. 눈길을 주는 순간 괜한 아쉬움과 더 가지 못했다는 자책이 날 우울하게 할지도 모른다는 생각이 들었다. 캐스케이드 마을은 규모가 작다. 이 마을에 유명한 아이스크림집이 있는데 운영하는 이가 한국인이다. 쓰루 드라이브(Through Drive)를 통해 아이스크림을 사려는 차량들이 줄지어 있다.

내 발걸음은 컬럼비아강 위에서 멈췄지만. 멈춤은 영원한 끝이 아니라 새로운 시작일 수 있다. 해서 난 새로운 시작을 위해 돌아간다. 두 분의 차를 얻어 타고는 시애틀 공항에 내렸고, 내년을 기약하며 두 분과 포옹을 했다. "내년에 다시 올게요, 건강하시길. 안녕!"

Part 5

미국과 캐나다 경계. 오른쪽 탑 모양이 Monument 78이고
그 오른쪽으로 캐나다로 향하는 길이 있다.

워싱턴

멈춤은 중단이 아닌 새로운 시작

★ 운행 구간 ★

Bridge of the Gods 〜 Monument 78(미국과 캐나다 경계)

★ 운행 거리 ★

536.7mile(863.3km)

★ 운행 기간 ★

2021.6.25. ~ 7.27.

"모든 것을 걸고서라도 저 건너편으로 가겠다는 의지를 가질 때
새로운 세상은 열린다. 새로운 세상이란 장소가 아니라 행동이다."

– 양창모, 『아픔이 마중하는 세계에서』

11개월 만에 다시 PCT 길을 잇다

1년의 기다림은 설렘 그 자체였지만, 코로나 역병은 전 세계를 몰살시키려는 듯 극성을 부렸고 PCT를 잇겠다는 내 다짐은 기약이 없었다. 하지만 무작정 기다릴 수만은 없었다. PCR 검사(종합효소연쇄반응)를 받고 시애틀로 향했다. 미국 입국 시 일주일간 자가 격리를 할 줄 알았으나 세관 직원은 아무 말 없이 내 얼굴조차 쳐다보지도 않은 채 입국 도장을 찍어 주었다. 일주일을 번 셈이다. 작년에 신세를 졌던 이선구 님의 도움으로 포틀랜드에서 이틀을 보내고 2021년 6월 25일 '신들의 다리'로 향했다. 이 선생님 부부가 차로 다리 앞까지 날 데려다주셨다. 기념사진을 찍고 8시 정각에 첫 발걸음을 뗐다. 2020년 7월 28일 이 다리에서 멈춘 내 발걸음을 여기서 다시 시작한다.

8일 치 식량을 담은 배낭이 몹시 무겁다. 하지만 첫날 첫걸음의 설렘에 내 어깨를 짓누르는 무게보다 날 지탱하는 힘이 더 셌다. 다리를 건너자 PCT 입구 나무 표지판에 이렇게 쓰여 있다. '미국과 캐나다 경계 506.1마일'(814.3km). 햇볕은 날 산 채로 익힐 듯 무지막지한 기세로 열기를 내뿜고 있다. 숨이 턱턱 막힌다.

쉬면서 짐을 점검하는데, 아뿔싸, 이소가스 연료통이 없다. 하필이면 워싱턴 지역에서 제일 긴 구간에서 사용할 연료가 없다니! 다시 돌아갈 수는 없는 노릇. 까짓것, 캠핑용 비빔밥을 물에 불려 먹으면 된

PCT 운행에 물심양면으로 큰 도움을 주신 성환 형님과 이선구 님 부부.
저 작대기를 2020년에 내가 들고 다녔다.

다. 행동식도 일주일 치나 있으니 크게 문제될 리 없다. 첫날부터 이 놈의 부주의가 내 발목을 잡는다.

엄청난 폭염으로 파김치 되다

기온이 40도를 오르내린다. 걷기보다 햇볕이 가장 큰 벽. 종일 몹시 힘들게 걸었다. 그간 연습 한 번 제대로 못했다. 그저 작년 경험을 밑천 삼아 하면 되겠지 싶었다. 하지만, 산길은 내게 그리 호의적이지 않았고, 난 가다 쉬다를 반복했다. 체력에도 별로 자신이 없었고 하루 35km를 걷겠다던 다짐도 하루 만에 물 건너갔다. 종일 23.6km를 걸었다. 물이 있어야 할 곳에 가니 말라비틀어져 있다. 남은 물 서너 모금으로 두 끼를 해결해야 한다. 첫날부터 왠지 심상찮다. 험난한 여정이 꿈틀거리며 날 곤혹스럽게 하고 있다.

밤새 거의 뜬눈으로 새웠다. 작년 PCT를 시작할 때와 똑같은 현상이 되풀이되는 모양이다. 일찌감치 새벽을 맞는 새들의 노랫소리가 정겹다. 한 녀석이 목을 울리면 조금 후 다른 녀석이 이어서 같은 소리로 노래를 부른다. 이른 아침부터 경연대회를 하려나 보다. 푸르디 푸른 청춘들이 경쾌하게 산길을 걷고 있다. 에릭과 이사벨이다. 어제 만난 페드로는 또 어디쯤 오고 있을까? 찜통 무더위에 경사가 심해 몹시 힘들다. 배낭은 더욱 사납게 내 어깨를 짓누르고 있다. 물을 떠먹으려 컵을 찾으니 보이질 않는다. 들입다 달려 내려갔다 온 거리는 4.2km. 이미 더위에 지친 몸인 데다가 뛰다시피 했으니 거의 파김치 수준이었다.

오후가 되니 햇볕은 더욱 기승을 부린다. 대지에 사는 모든 생물들을 모조리 녹여 버릴 기세다. 지치고 힘이 드니 자꾸 쉬게 된다. 운행이 더디고 체력은 바닥이다. 이제 불과 이틀째인데. 몇 시간을 더 걸을 수 있는 시간임에도 도저히 운행을 할 수가 없다. 내가 이렇게 지친 경우는 작년에 없었다. 오늘 날씨가 42도라니 참 놀라운 기온이

다. 그래도 견뎠으니. 종일 23.8km를 걸었다. 송어 계곡(Trout Creek)
엔 에릭과 이사벨이 물가에서 놀고 있다.

양쪽 발바닥 앞쪽엔 커다랗게 물집이 잡히고

이튿날 몸이 한참 가라앉았다. 도저히 걸을 수가 없다. 어제 폭염
에 일사병이라도 걸린 모양이다. 밤새 잠조차 제대로 못 잤으니 몸과
맘이 끝없는 나락으로 추락한 듯하다. 일어날 수조차 없다. 체력, 인
내, 의지는 약에 쓰려 해도 없다. 머릿속은 안개 낀 듯 띵하고 흐리멍
덩하다. 하루 종일 그늘에 누워 연신 자반뒤집기만 했다. 잠도 오질
않는다. 첫 구간이 237km나 되는데 대수롭게 생각하지 않았던 탓도
있다. 실제 훈련을 한 번도 하질 않았다. 전적으로 준비 부족이었다.

하루를 쉬었다고 컨디션이 조금 회복됐다. 그도 잠시, 해발 600m
에서 1,200m를 오르는데 1km를 걷다가 지쳐서 쉬고 또 1km를 걷다
가 쉬고를 몇 번이나 했는지! 골짜기에서 불어오는 바람조차 폭염을
안고 왔다. 숨이 턱턱 막혔다. 파이프에서 나오는 물이 그나마 폭염을
잠시나마 식혀 주었다. 물 한 모금에 뜨거워진 몸이 식는다.

이틀 만에 발바닥에 큰 탈이 났다. 양쪽 발바닥 앞쪽에 커다란 물
집이 잡혔다. 한 걸음 떼는 데 고통스럽다. 더 이상 앞으로 나갈 수가

없는 심각한 상황이지만, 이 숲속에서 멈출 순 없다. 천생 내일 비포장도로와 만나는 들머리까진 무슨 일이 있더라도 가야 한다. 가서 탈출을 하든지 쉬든지 결정을 해야 한다.

수면 부족도 문제다. 4일간 통 잠을 이룰 수가 없었다. 도대체 왜 이런 현상이 나타나는지 도무지 알 도리가 없다. 내 기와 워싱턴산의 기가 영 맞질 않나 보다. 이래저래 고통의 연속이고 부닥치는 요소들이 모두 장벽이다. 저녁을 먹지도 않고 그냥 눕는다. 만사가 귀찮다.

데이빗의 차를 얻어 타고 탈출하다

밤새 한숨을 못 잤다. 잠깐 꿈을 꾸었으니 불과 몇십 분 눈을 붙였나 보다. 밤새 불린 누룽지에다가 고추장과 김 가루를 넣어 비벼서 김치와 함께 먹었다. 몸은 천근만근이니 컨디션이 좋을 리 없다. 음식은 모래를 씹는 듯했다. 발바닥 물집은 더욱 커졌고 이젠 서 있기조차 괴롭다. 4km를 걷는 데 3시간 이상 걸렸다.

햇볕은 여전히 뜨겁다. 이상 기온이 틀림없다. 이상 기온보단 기후 위기라고 해야 맞을 듯하다. 인간이 배출하는 대기 중의 이산화탄소는 햇볕을 받으면 기온이 오른다는 아주 단순한 이치다. 그렇게 생각하니 나도 분명히 탄소 배출에서 자유로울 수 없다. 일상생활에서 내가 배출하는 탄소의 양을 생각해 본 적이 있었던가! 이런저런 이유로 내가 배출한 탄소가 열 배 아니 스무 배로 내게 고스란히 되돌려 주고 있다. 11시가 넘어 비포장도로를 만난다. 지나는 차량이 없으니 히치하이크는 언감생심. 건너편에 차량이 한 대 서 있다. 기다리면 누군가 올 테니 읍소 전략으로 나가자. 전화조차 터지지 않은 지역이니 무조건 저 차를 얻어 타야 한다. 젊은 친구와 중년 여성이 배낭을 메고 차 쪽으로 간다. "안녕, 나는 한국에서 온 하이커야. 발바닥을 다쳐 더 이상 걸을 수가 없어. 케스케이드 락스까지 데려다줘. 그곳에 가면 지인의 도움을 받을 수 있거든."

데이빗(David)과 완다(Wanda)가 고민을 한다. 자기네는 야키마(Yakima)로 가는데, 내가 가는 방향과는 정반대라며 고개를 이쪽저쪽

자기들 갈 길과 반대 방향임에도 날 태워 준 데이빗과 완다

4,318km 꿈의 트레일

돌린다. 자기네는 30분만 가면 되는데, 날 데려다주면 3시간이 걸린다고 한다. 데이빗이 자기 폰으로 지도를 보며 계산을 하더니 "그럼, 카슨(Carson)까지 데려다줄게. 거기에선 전화가 터질 거야. 타."

두 분이 날 데리러 오다

카슨에 도착했고, 그들에게 고마움의 표시로 8자 하강기 미니어처를 선물로 주었더니, 몹시 기뻐한다. 다행이다. "이건 암벽등반 기구로 하강할 때 쓰는 장비야. 기념으로 내가 만든 거야. 고마워서 선물할게." 데이빗이 바로 말을 받는다. "우리 함께 사진 찍자." 나를 위해 3시간을 기꺼이 내준 그들의 선의에 손을 흔들며 인사를 나눴다. 커피와 간식을 먹을 수 있는 'Foodcut'에 들어가 점심을 먹으며 이선구 님께 저간의 사정을 말했고, 지체 없이 오겠다는 말씀을 들었다. 이래서 운행 5일 만에 또 도움을 받는다.

두 분이 잘 안다는 지인의 별장에서 이틀을 쉬었다. 롱비치(Long Beach)와 가까운 오이스터빌(Oysterville)에 있었고, PCT만 아니라면 몇 달이라도 머무를 수 있는 아름답고 조용한 바닷가 마을이었다. 포틀랜드로 돌아오면서 지나온 아스토리아 메글러 다리(Astoria-Megler Bridge)의 위용에 놀라기도 했다. 컬럼비아강이 태평양과 만나는 지점에 있는 엄청난 규모의 철제 다리다. 아스토리아 지역은 고풍스런 건물들이 많아 제법 오래된 도시의 풍모를 가졌다. 여행지로서도 손색이 없겠구나 싶었다.

산속은 모기들 세상

이 선생님 댁에서 이틀을 묵으며 발바닥 물집 치료에 전념했다. 한인 슈퍼에 들러 김치, 마늘종, 연양갱 등 음식을 준비했다. 7월 2일 다시 산으로 들어간다. 지난번 탈출했던 인디언 헤븐 와일더니스(Indian Heaven Wilderness) 산행 들머리에 도착해 두 분이 나의 안전 운행을 기원해 주셨다.

발바닥이 정상으로 돌아오진 않았지만 어느 정도 굳어 있는 상태로 발걸음이 가볍다. 기온은 선선할 정도로 많이 내려갔다. 시원한 바람에 운행 컨디션이 아주 좋다. 쉴 때마다 모기떼가 급습을 한다. 작년 오리건주를 걸을 때 모기떼에게 당한 기억이 나 괴롭다. 모기에 시달리다 보니 어깨와 얼굴에 수십 개의 붉은 반점과 혹이 생겼다. 늦게 출발했음에도 35km를 걸었다. 발바닥엔 물집이 들떠 있고 후끈거린다.

발바닥의 통증과 모기떼 습격에 운행이 몹시 더디다. 산불이 큰 규모로 난 지역을 지난다. 땅속 수분이 말라 길은 그야말로 푸석푸석 먼

지투성이다. 땅에 발을 대면 먼지가 피어오른다. 산불이 난 이후 비가 오고 눈도 내렸을 텐데 이토록 푸석거리다니, 흡사 타고 남은 재나 다름없다.

테트를 설치하다 보니 모기가 더 많다. 수백 마리의 모기떼가 내 얼굴에 모조리 침을 꽂으려는 듯 인정사정없이 달려들면서 집중 공격을 가한다. 덕분(?)에 양 볼에 오돌토돌 상처투성이다. 보급지인 화이트 패스까지는 96km 남았다.

완전히 새로운 장면이 펼쳐진다. 북쪽으로 레이니어(Rainier)산이 머리 꼭대기에 눈을 인 채 우뚝 서 있다. 미국 본토에서 휘트니산 다음으로 높은 해발 4,392m인 성층 화산이다. 눈 덮인 봉우리 한쪽엔 나지막하게 운해가 깔린 풍경이 눈에 들어온다. 산 아래에선 결코 볼 수 없는 저런 장면은 산길을 걷는 이들이 거저 얻는 황홀함이다. 35.8km를 걷고 운행을 멈췄다.

오늘도 여전히 어깨와 얼굴엔 모기와의 싸움에서 얻은 상처투성이의 영광이 드러나 있다. 크고 작은 호수가 길옆에 있어 그곳에 서식하는 모기들이 쉽게 적을 찾는다. 어쨌든 나도 녀석들의 적임엔 틀림없다. 모기들보다 빠른 속도로 걷다가 그만 나무뿌리에 걸려 넘어졌다. 왼쪽 발목이 시큰거린다. 발바닥과 발톱이 엉망진창으로 망가져 있다. 오른쪽 엄지발톱이 자기 자리를 이탈하려 한다. 바람이 부는 때를 기다려 잽싸게 텐트를 친 후 내 숙소에 들어온 모기를 다 내쫓는다. 내 행동이 제법 빠르다.

산일을 하는 여성 공무원들

아침에 일어나니 바깥이 희뿌옇다. 좀체 보기 드문 안개가 잔뜩 낀 날씨. 어젯밤에 수면제를 두 알이나 먹었음에도 정신은 말똥말똥. 컨디션이 좋질 않다. 내 몸에 무슨 이상이 생겼나 보다.

해발 1,972m인 시스푸스 패스(Cispus Pass)에서 내려오는 제복을 입은 세 명을 만난다. 내 소개를 먼저 했다. 친구들의 이름은 제프, 미셸, 케이츠. 국가기관에 속한 공무원들이다. 숲 관리자인 셈이다. 사진을 찍고 싶다 했더니 시원시원하게 포즈를 취해 준다. 길이 2m가 넘는 톱을 어깨에 메고 큰 손도끼를 들고 있다. 여성들이 힘든 산일을 한다는 게 신기하기도 하고 조금 놀라기도 했다.

시스푸스 꼭대기에서 보는 전망이 기막히다. 전망이 탁 트이고 파란 하늘이 뒷배경을 이루고 있다. 골짜기마다 눈이 듬성듬성 제법 쌓여 있다. 계곡 여기저기에서 눈 녹은 물들이 흘러내리는 소리가 천지를 뒤흔든다. 경사가 심해 물소리가 크다. 여러 급류가 합쳐지는 저 아래쪽 풍경은 우리와는 사뭇 다르다. 푸른 초원이 완만하게 끝없이 펼쳐져 있다. 내리막길에서 발바닥의 고통이 점점 심해지더니 며칠 전과 비슷한 양상을 보인다. 한 걸음 뗄 때마다 고통으로 얼굴이 일그러질 정도다. 간신히 텐트 사이트에 도착해 짐을 풀었다. 운행 거리는 고작 28.4km.

흡사 천상으로 오르는 길인 듯 그지없이 아름답다.

워싱턴 구간 중 제일 높은 곳에 오르다

비교적 숙면을 취했다. 하룻밤 쉬었다고 발바닥 상태가 좋아진다. 물집 잡힌 살이 안쪽 살에 달라붙었다. 걷는 데 지장이 없을 만큼 고통도 훨씬 줄었다. "발아, 정말 미안해. 산길을 걷는 만큼 편안하게 해 줘야 함에도 이렇게 고생을 시켜서. 사과할게."

오전 8시쯤 워싱턴 구간에서 제일 높은 지점에 오르기 전, 해발 2,100m가 넘은 텐트 사이트에서 밤새 야영한 친구들이 기지개를 켜며 텐트 문을 연다. "굿 모닝, 너희들 텐트를 사진 찍어도 돼?" "오케이." 길엔 눈이 수북이 쌓여 있다. 만년설이 될 공산이 크다. 해발 7,177ft(2,187m)에 올라 기념사진 두 컷. 이제 오르막은 없다.

잠시 이런 생각을 한다. '이 길을 만든 당신들 덕분에 지구 여행자로서 살아생전에 내가 이 길을 걷는 호사(豪奢)를 누리며 자연이 주는 아름다움과 경이로움을 만끽하고 있다. 이 길을 걸을 수 있음은 내 인생에 더할 수 없는 축복이다.'

45도쯤 되는 사면을 건너는데 살이 떨릴 정도로 두렵다. 길이라고 해봐야 50m밖에 되질 않았지만 헛디딜 경우 200m 이상 사면을 굴러야 한다. 한 발 한 발 안전하게 디디며 조심조심 건넌다. 얼마나 긴장을 했으면 발걸음을 세면서 건넜다. 120발. 작년에 50m 미끄러진 일이 생각나며 머리털이 쭈뼛쭈뼛할 정도였고 식은땀도 흐른다. 칼날

　　　　　　　　　　4,318km 꿈의 트레일

능선도 호락호락 길을 내주지 않는다. 능선 꼭대기엔 얼기설기 얽혀 있는 자잘한 돌들이 수없이 많아 떨어지기라도 할 양이면 머리 깨지기 십상이다.

처연하기까지 한 레이니어산

뷰포인트에서 보이는 레이니어산은 황홀하다. 장엄하기도 하고 아름답기도 하다. 혼자 고독하게 서 있으니 처연해 보이기도 하다. 하양과 초록의 색 궁합이 이토록 잘 어울리는지 처음 느낀다. 주변의 산봉우리들을 아우르며 저 홀로 멀리 보는 자태(姿態)가 어쩌면 세상의 올

레이니어산(해발 4,392m)

바름을 위해 끊임없이 고민하는 존재로도 보인다. 눈을 이고 선 머리는 여성적이다. '머리는 차갑게 가슴은 뜨겁게'라는 말은 저 산을 보는 내 마음인가, 아니면 저 산이 스스로 느끼는 감상일까?

내리막길은 온통 모기 세상. 얼굴이고 팔 다리고 사정을 봐주지 않고 덤벼든다. 시속 5km로 줄행랑을 놓는다. 해 지기 전 12번 하이웨이에 도착해 화이트 패스 스토어(White Pass Store)에 가니 문이 닫혀 있다. 옆 로지엔 휑하니 찬바람만 분다. 건너편 스키장 건물에 가 봐도 썰렁하다. 이 넓은 공간에 오직 나 혼자뿐. 당장 오늘 저녁에 뭘 끓여 먹을 물조차 없다. 상점 외부에 얼음 냉장고가 있고 문은 열려 있었다. 얼음 봉지가 많다. 한 봉지를 꺼내 얼음 알갱이를 녹였다. 두 끼를 먹을 수 있는 분량. 상점 앞 아스팔트에 텐트를 치고 하룻밤을 보냈다.

리투아니아에서 온 준족(駿足)의 사나이 앤드리우스

이곳에서 이틀쯤 쉬기로 하고 느긋하게 아침을 맞는다. 큰 키에 호리호리한 체격을 가진 친구가 온다. 발트 3국 중 하나인 리투아니아에서 왔다는 앤드리우스. 27세란다. 친구의 종아리는 내 팔뚝 정도. 하루에 50km씩 걷는단다. 50km? 내게 거짓말을 해 봐야 이 친구가 얻을 게 없으니 뻥은 아닐 터. PCT를 마치고 7월 22일에 돌아간단다. 그에게 8자 하강기 미니어처와 파워젤을 몇 개 주었다.

그가 내게 말한다. "초이를 만나서 정말 반가워. 당신 같은 사람을 만나기가 어려운데, 선물도 고맙고." 그가 골판지에다가 뭐라 쓴다. 어디까지 가고자 하니 태워 달라는 의미로 흔히 하는 히치하이크 표시다. 도로가에서 한 시간 이상 기다렸지만 세워 주는 차들이 없다.

상점으로 들어가 쉬고 있으려니 지역 신문 기자라는 하젤라나(Hazelanna)가 내게 인터뷰를 청한다. 어디서 왔고 언제부터 걸었으며 어디까지 가냐는 물음이었다. 내게 그녀에게 도움을 요청했다. "팩 우드로 가야 하는데 아무도 차를 세워 주질 않는다. 도움을 달라." "돌아가서 상점 직원에게 전화를 하겠다."

앤드리우스가 보이질 않는다. 가 버렸나 보다. 내가 인터뷰할 동안

리투아니아에서 온 앤드리우스. 하루에 50km를 걷는 준족이다.

한 노동복 차림의 친구와 얘길 나누고 있었는데. 아무런 말도 없이 사라졌다. 허 참, 야속한 녀석이네. 자기 실속만 차리고 인사조차 없이 가 버리다니. 오후 2시 45분에 앤드리우스가 페북 메신저로 글을 보냈다.

"안녕이란 인사를 하지 못했어. 초이가 인터뷰할 때, 나는 우리가 함께 얻어 탈 차를 잡으려 시도했고, 누군가 나를 픽업해 주기 위해 차를 멈췄어. 운전자는 자리가 하나밖에 없고 빨리 가야 한다고 하기에 초이에게 어떤 말도 하지 못하고 차에 올랐어. 하지만 염려하지 길. 초이를 위해 팩우드로 갈 수 있게 마련(arranged)해 뒀어. 5시에 일을 마치고 초이를 시내로 데려다줄 거야. 그러니 상점에서 기다렸다가 차를 타면 돼. 초이를 만난 건 놀라움 그 자체였어. 나는 초이의 발이 다시 출발할 수 있도록 좋아지길 바라. 초이도 조만간 트레일로

도대체 뭐 하는 물건인지?

4,318km 꿈의 트레일

돌아갈 수 있을 거야. 도움이 필요하면 내게 알려 줘. 행운을 빌어."

그러면 그렇지, 예절이 제법 발라 보였는데. 나도 그에게 답장을 보냈다. "문제없어, 앤드류(애칭)! 뜻밖에 너를 만난 건 내게 큰 기쁨이었어. 행운을 빌며 다시 만나길 기도할게." 그에게 좋은 인상을 주었다니 다행이다.

앤드류, 앞으로 좋은 만남으로 이어지길 기대할게. 좋은 친구를 만나는 행운은 깨닫지 못하는 사이에서도 온다.

친절이 몸에 밴 조든과 리아

스토어 운영자인 조든이 음식들을 가리키며 내게 선택하란다. 공짜로 준단다. 맥주 안주 삼아 Beef n Bean을 골랐다. 이 선생님의 도움으로 스토어 인근 빌리지 인(Village Inn)에 이틀을 예약했다. 쉬면서 발바닥 치료에 전념할 생각이다. 친구인 인구에게 발바닥 물집에 관해 얘길 했더니 신발 안에 솔가지를 넣으라고 한다. 군대에서 행군할 때 많이 써먹은 방식이라고. 푹 자고 일어나니 몸이 아주 개운하다. 아내와 통화했다. "여보, 집에 돌아가면 앞으로 이처럼 긴 길을 다시는 걷지 않을게. 단, 올레길이나 산티아고 순례자의 길만큼은 제외고."

친절이 몸에 밴 리아와 조든

스토어에 가니 조든이 알은체를 한다. "초이, 어젯밤에 잘 쉬었어?" "응, 모처럼. 고마워." 스토어엔 여직원 리아도 근무 중이다. 두 사람의 미소는 천사 못잖다. 밝은 미소와 친절한 말투, 행동이 몸에 배어 있다. 포즈를 취해 달라고 해 사진을 찍었다. 밝은 웃음이 해맑다.

친구 춘열이와 전화 통화를 했다. 늘 내게 응원해 주는 멋진 친구다. 세계 곳곳을 여행한 친구라 삶을 두루 살피는 너른 시선을 가지고 있다. 조든이 어제에 이어 또 음식을 고르라 한다. 인심도 좋은 친구다. 조든과 인사했다. "당신의 친절에 진심으로 감사하다." "초이, 행운을 빌어 줄게." 내일 일찌감치 출발할 준비를 모두 마치고 잠자리에 들었다.

4,318km 꿈의 트레일

PCT 길 정비하는 린다와 스티브

    오늘 운행의 전조인 듯 맑고 쾌청한 날씨다. 컨디션이 좋고 길은 평탄하다. 레이니어 국립공원 구역에 들어선다. 국립공원 구역이라서인지 길 상태가 아주 좋다. 살짝 오르막이 형성되다가 이내 평지로 되돌아온다. 계곡 옆에 잠자리를 마련했다. 청아한 새소리와 졸졸졸 물 흐르는 소리에 잠을 깨다. 듀이 호수(Dewey Lake) 물빛이 코발트빛인지 쪽빛인지 환상적이다. 물속에 인어공주가 살고 있을 만큼 매혹적인 빛깔을 자아낸다. 이른 아침 엷게 피어오르는 물안개는 아침의 고요함과 평온한 자연의 진수다. 흔들림조차 없고 물비늘도 보이질 않는다. 호수도 잠을 자나 보다.

    토요일이라 트레킹을 하는 사람들이 제법 많다. 길을 정비하는 두 사람을 만났다. 린다는 자기 팔에 'One step at a time'이란 문신을 했고, 어깨엔 PCT 문양을 문신으로 새겼다. 그녀는 자신의 PCT 사랑을 몸으로 보여 주고 있다. 스티브도 삽으로 길을 깎고 있다. 두 사람은 인근에 사는 주민으로 PCT 일정 구역의 길을 정비하는 중이다. 걷는 동안 길 정비 자원봉사 활동을 처음 목격한다. 자발적으로 하는 길 정비 봉사활동이 얼마나 신이 날까.

    일요일 아침 눈을 뜨니 5시. 희한하다. 작년 운행할 때도 5시에 저절로 눈이 떠졌다. 그 시절 경험이 무의식적으로 고스란히 재연되고

PCT 길을 정비하는 린다(앞쪽)와 스티브. 자원봉사로 하는 일이다.

있다. 오두막이 보여 들어가니 10명쯤 너끈히 잘 수 있는 공간이다. 벽면 한쪽에 PCT라 쓰인 플라스틱 아이스박스가 있다. 문을 여니 포도, 캔 맥주, 캔 음료 등이 잔뜩 들어 있다. 인근에 비포장도로가 있는 걸로 봐 차량에 실고 온 듯하다. 이 상황 또한 엄연한 '트레일 매직'이다. 포도를 안주 삼아 맥주를 마셨다. '고마워요, 트레일 엔젤!'

엄청난 양의 아침 식사

앤드류라는 미국인을 만났다. 용산 미군기지에서 근무했고 사우디에서도 복무했단다. 반갑게 악수를 나눴다. 앤드류는 토르티야에 가공 참치와 꿀을 잔뜩 발라서 먹는다.

남쪽으로 내려간다는 존(John)을 만났다. 자신은 6월 21일 미국과 캐나다 국경에서 출발했는데 그땐 눈이 무릎까지 찼다고 했다. 캘리포니아주와 오리건주 경계까지 간단다. 텐트 한 동 들어갈 맞춤한 터에 짐을 풀었다. 아래 개울엔 시원한 물이 제법 많이 흐른다. 밤새 고작해야 2시간쯤 눈을 붙였다. 새벽 1시까지 멀뚱멀뚱하다가 잠시 잠들다 깨다를 반복한다. 도대체 이유를 알 수가 없다. 문제는 음식? 물을 정수해 마시지 않아서? 시차 때문에? 하루에 10시간 이상을 걸으면 몸이 피곤해 눕자마자 잠이 드는 게 정상일 텐데 전혀 그런 기색이 없다. 솔직히 눕는 게 괴로울 지경이다.

점심때쯤 그제 만났던 앤드류를 다시 만났다. 한번 만났다고 몹시 반갑다. 8자 하강기 미니어처를 선물로 주었다.

엄청난 규모의 스키장이 있는 50번 하이웨이상의 스노퀄미(The Summit at Snoqualmie) 지역 숙소(The Summit Inn)에서 하루를 묵는다. 시설이 크고 깨끗하다. 숙소 옆에 커다란 마켓이 있어 장보기가 편하다. 샤워 후 잠자리에 들었다. 까무룩 잠이 드는가 싶더니 다음날 5시까지 곤하게 잤다. 그간 못 잔 잠을 다 만회한 듯했다.

숙소 내 팬케이크 하우스에서 푸짐하게 아침 식사를 했다. 직원에게 메뉴를 추천해 달라고 했더니, "많이 먹어야 하느냐?" "응." 팬케이크 2장, 달걀 프라이 2개, 감자볶음과 햄버거 2개. 결국 다 먹질 못했다.

절벽을 깎아 길을 만들다

길에서 만난 세 여성

해가 중천으로 올라간 뒤에야 출발을 한다. 급경사 구간에 세 여성
이 쉬고 있다. 재키와 마키, 하코베리라는 이름을 가진 친구들. 하루
산행을 왔다고. 사진을 찍고 싶다고 하니 활짝 웃으며 포즈를 취해 준
다. 잠깐이지만 몇 마디를 나누고 헤어진다. 산길에서 만나는 낯선 사
람들과 손쉽게 대화를 나눌 수 있음은 기적 같은 일이다. 산은 사람과
사람을 연결시켜 주는 훌륭한 매개다.

캔들 놉(Kendall knob) 구간을 지난다. 절벽에 길을 뚫어 PCT를 연결했다. 길옆 바위 면엔 착암기 드릴 자국이 수십 개. 오른쪽은 천길 낭떠러지다. 길을 만든 이들에게 저절로 고개가 숙여진다. 해발 1,100m에 있는 바위절벽을 뚫어 길을 이은 저들의 노고에 경의를 표했다.

루쉰은 『고향』에서 이렇게 썼다. '생각해 보니 희망이란 본시 있다고도 없다고도 할 수 없는 거였다. 이는 마치 땅 위의 길과 같다. 본시 땅 위엔 길이 없다. 걷는 이가 많아지면 거기가 곧 길이 된다.'고. 하지만 이 경우는 다르다. 먼저 길을 만들어 걷는 이가 많아지도록 저 어려운 절벽에 길을 냈다. 그리하여 길은 더욱 확장되고 오가는 하이커들의 수많은 사연들이 곳곳에 존재하며 나 또한 이 길을 통해 이야기를 만들어 가는 중이다.

나와는 반대로 가던 트리(Tree)란 친구가 내 쪽으로 돌아오더니 스니커 하나를 주고는 소리 없이 다시 돌아간다. 말은 없었지만 PCT 길을 걷는 동료의 마음이었으리라. 수면이 맑은 알래스카 호수를 지나니 계속 내리막이다. 남쪽으론 레이니어산이 희미하게 보인다.

바위 밑에서 나와 흙속으로 들어가는 자연수를 마신다. 무릇 뭇 생명들까지도 살릴 수 있을 듯 신선함과 상쾌한 물맛에 배 속에서 철렁거릴 만큼 마셨다. 독특한 스타일로 걷는 매케너를 만난다. 냉장고 바지를 입었고, 긴 머리를 질끈 동여맨 모습이 보헤미안 같아 보인다.

절벽을 깎아 길을 내다.

4,318km 꿈의 트레일

PCT에서 처음 본 고우트

염소와 같은 털색을 가진 고우트(Goat)를 만났다. 해발 1,500m 암벽 지대에서 산다는 염소과 동물. PCT에서 처음 보는 야생 염소다. 목과 다리통이 두꺼워서 제법 힘깨나 쓰겠다 싶다. 녀석을 놀라게 하지 않으려 그 자리에 섰다. 녀석은 날 한 번도 쳐다보지 않은 채 열심히 신선한 풀로 식사를 하고 있다. 내 쪽으로 오는가 싶더니 옆 고랑을 훌쩍 뛰고는 튼실한 엉덩이를 실룩이며 반대편으로 내려간다. 뒤도 한 번 돌아보지 않은 채 서서히 움직인다. 목에 수신기 비슷한 장치를 두르고 있는 걸 보니 추적 장치 같다.

고우트. 목에 추적 장치가 부착돼 있다.

높은 고개를 만날 때마다 눈앞에 펼쳐지는 풍경에 이따금 말문이 막힌다. 남미 파타고니아엔 우뚝 선 쎄로또레나 피츠로이 같은 침봉들이 연이어 있다. 지금 내 눈앞에도 이에 못잖은 침봉들이 그 마루금을 이었고 그 사이사이엔 만년설이 쌓여 있다. 저 아래에서 세 명의 하이커들이 숨을 몰아쉬며 내 쪽으로 올라오고 있다. 애덤과 나탈리, 찰리는 미국과 멕시코 경계까지 내려간단다. 함께 사진을 찍은 후 서로의 안전 운행을 기원했다. 암벽 등반을 즐긴다는 애덤에게 하강기 미니어처 한 개를 선물로 주었다.

33km를 걷은 후 멈췄다. 오늘로 워싱턴 구간의 절반을 넘었다. 오늘 하루 만에 남쪽으로 내려가는 하이커들을 20여 명 만났다. 이 시기에 남쪽으로 내려간다면 시에라 구간에 닿을 때쯤 눈은 이미 다 녹았을 테고 운행하기엔 더없이 안전하리라. 애덤 일행도 6월 30일에 출발했다니 이 시기에 하이커들이 많이 몰리는 모양이다.

PCT상에서 처음 만난 한국인

길은 높낮이가 제법 차이가 난다. 한참을 올랐다가 또 그만큼 내려간다. 체력 소모가 심하다. 그렇지만 사방이 탁 트인 곳에 오를 때마다 주변 풍경에 한참을 서 있곤 한다. 부지런히 내리막을 걷던 중 한국인처럼 보이는 젊은 친구를 만나다. 역시 내 예감이 맞다.

캐나다로 이민 간 강남균. 캐나다에서 시애틀로 이동해 마자마 (Mazama) 마을로 와서 유료로 차를 얻어 타고 하츠 패스(Harts Pass: 비포장도로가 연결되는 미국 북쪽 마지막 고개. 직원이 상주한다. 여기서 도시로 이동하거나 도시에서 이곳으로 와야 PCT 운행이 가능하다)까지 와 미국과 캐나다 경계까지 약 50km를 더 가서 시작했다고 한다.

남쪽으로 내려가는 하이커들의 일반적인 운행 패턴이다. 전화번호와 이메일을 주고받은 후, 안전하고 무사하게 멕시코 경계에 도달하기를 기원해 주었다. 호수 캠핑장엔 모기가 엄청나게 많으니 조심하란다.

길(Gil)이란 친구가 내게 나이를 묻더니 동갑이라며 반갑게 포옹까지. 다른 땅에서 같은 세대를 살아왔다는 공감이 그와 나 사이에 보이지 않는 유대를 형성하고 있다.

포레스터 서비스 공무원들의 노고에 난 편하게 걷는다

포레스트 서비스 복장을 한 친구들을 네 명이나 만났다. 트레이시, 존, 케이랜드, 리안. 소속이 어디냐고 물었더니 국가 공무원이라고 한다. 숲길 정비를 하는가 보다. 톱과 도끼 등 장비가 주변에 흩어져 있다.

사진을 찍고 싶다니 환하게 웃으며 자세를 취한다. 이들이 있어 하이커들은 숲길을 안전하게 걷고 있다. 케이랜드가 내게 조언을 해 준다. "깊은 호수(Deep Lake) 캠핑장엔 모기가 엄청나게 많으니 다른 데서 캠핑을 해야 해."

호수를 지나는데 진짜 수많은 모기들이 달려든다. 순식간에 수십 마리 모기가 내 양 어깨에 사뿐히 내려앉아 신선한 내 피로 식사를 하려 한다. 손바닥으로 훑어 내리니 녀석들은 대항조차 못하고 투두둑 길바닥으로 맥없이 떨어진다. 남을 공격하려면 자신의 필살기 무기라도 갖춰야 하지 않을까 싶은데, 상대방의 대응 능력을 인식하지 못

앞쪽부터 케이랜드, 트레이시, 존, 리안(뒤쪽 여성)

　　　　　　　　　　　　　　　4,318km 꿈의 트레일

한 채 덮어 놓고 덤벼들다가 손 한 번 제대로 쓰질 못하고 생을 마감한다.

센시티브 사이트란 곳에 이르니 딱 1인용 텐트 자리다. 오늘 운행 과정을 돌이켜 본다. 오르내리막이 심해 체력 소모가 많았다. 오늘도 남쪽으로 내려가는 하이커들을 20여 명 만났다. 이른바 SOBO(북쪽에서 남쪽으로 향하는 하이커들의 방향을 일컫는 말) 시즌이 맞다. 어제와 오늘 약 40여 명의 SOBO 하이커를 만났다.

이렇게 많은 하이커들을 만난 건 처음

남은 거리는 350km. 아껴 두었던 버섯비빔밥을 먹고 커피로 입가심을 했다. 모처럼 마시는 커피가 몸과 맘을 녹여 준다. 일시적이지만 소소한 만족을 느낀다.

62세인 수잔(Suzanne)을 만났다. 남쪽으로 간다는데 걸음걸이가 가볍고 상쾌해 보인다. 멕시코 경계까지 가려면 서두르지 않을 수 없는데 제법 여유 있는 모습이다. '안 되면 가는 데까지 가면 되지, 뭐.' 이런 태도다. 아주 바람직하다. 미국인이니만큼 원하면 언제든지 다시 시작할 수 있는 조건이니 부럽다. 그녀는 내 완주를 진심으로 바란다고 했다.

2,442.1마일(3,929.3km) 지점에 있는 급류(Cascading Stream)를 지날 땐 자칫 물살에 휘말릴 뻔했다. 물이 합쳐지는 지점이어서 눈 녹은 물의 양이 많고 경사져 천둥소리를 낸다. 알파인 스틱으로 중심을 잡으며 한 발 한 발 신중을 기해 발걸음을 옮겼지만, 거의 다 건넜다 싶었다가 미끄러지면서 물에 빠졌다. 그나마 발목까지만 빠져 다행이었다. 중간에 미끄러졌다면 저 급류에 원치 않는 수중 동행을 길게 했으리라.

이후 시야는 온통 안개로 뒤덮여 한 치 앞을 볼 수 없었다. 오후 4시가 다 될 무렵 또 한 번 곡절(曲折)을 겪었다. 길의 거리가 960m인데 높이가 210m. 경사는 조금 과장해서 60도쯤 된다. 지금껏 PCT를 걸으며 이렇게 심한 경사는 처음이다. PCT 구간에서 제일 높은 포레스터 패스를 올랐을 때도 이렇게 심하진 않았다. 옷은 땀으로 범벅이 됐고, 체력은 바닥이 드러났다. 호수 주변 캠핑장에 짐을 풀었다.

오늘은 남쪽으로 내려가는 하이커들을 25명쯤 만났다. 이렇게 많은 하이커들을 만난 적은 처음. 삼 일 동안 남쪽으로 걷는 하이커들을 대략 65명쯤 만났다. 나와 같이 북쪽으로 올라가는 친구들은 그야말로 가뭄에 콩 나듯. 어제 만난 강남균 친구의 말을 빌리자면, 남쪽으로 가는 친구들은 10월 15일까지 시에라 구간을 넘어야 한단다. 그 이후엔 폭설이 내려 운행이 금지된다고. SOBO 하이커는 일 년 중 전체 10%쯤 된다고 한다.

앙증맞은 인디언 앵초

호수 부근에서 앳된 소녀들을 만났다. 자신보다 큰 배낭을 멘 소녀들이 안쓰러워 보였지만 표정은 아침 이슬이다. 나탈리에(Natalie)와 엘리에(Ellie)다. 캐스캐이딩 스트림 급류를 건널 때 정말 조심하라며 몇 차례 당부를 했다. 될 수 있으면 상류로 올라가서 건너라고. 내가 전한 위험성의 정도를 이해했을까?

산꼭대기 스키 리프트 종점에서 가벼운 차림의 친구들을 만난다. 내가 찍은 아주 앙증맞은 사진을 보여 주며 이름을 아느냐 물었더니 검색을 한 후 알려 준다. 인디언 추장 모자와 닮았다고 한 인디언 앵

나탈리아와 엘리에

초(Shooting Star). PCT 구간에서 만난 들꽃들 중 가장 예쁘고 아름다운 꽃으로 여겼다.

스티븐스 패스(Stevens Pass, 해발 1,200m)에 도착하니 로지 앞에 남쪽으로 내려가는 친구들 대여섯 명이 쉬고 있다. 그들은 이제 303km를 걸었다. 앞으로 4,000km를 더 걸어 멕시코까지 가야 하는 험난한 여정이 기다리고 있다. 이들 중 몇몇은 부상을 입거나 체력이 소진되거나 또는 이런저런 이유로 도중에 집으로 돌아가리라. 그러면서 나처럼 내년을 기약하리라. 어찌 됐건 그들은 첫걸음을 떼고 기대와 설렘을 가지고 길을 걷겠지. 안전 운행을 기원하며 그들과 헤어졌다.

스카이코미시(Skykomish)로 가려고 도로에서 몇 차례 히치하이크를 시도한 결과, 제이슨이란 친구가 흔쾌히 태워 준다. 훌러덩 웃통을

스카이코미시 마을의 명물 꼬마 열차 타기. 역은 1898년 세워졌고, 그 기념으로 운행한다.

4,318km 꿈의 트레일

벗고 운전을 한다. 10일간 일을 하고 시애틀로 돌아가는 중이란다. 제이슨이 스카이코미시 마을 중간쯤에 있는 캐스캐디아 카페와 숙소 (Cascadia Cafe & Inn) 앞에 내려 준다. 제이슨의 차 옆면엔 커다란 고우트가 그려져 있다. 토요일이라 마을 장이 열렸다. 자신들이 직접 만든 생활용품을 팔고 있다. 물건을 팔고 사는 데 관심을 갖기보다는 대화를 나누는 데 더 정성이다. 주민들의 여유 있는 모습에 내 맘도 덩달아 편해진다. 주유소 편의점에서 6일 치 식량을 준비했다. 숙소는 음식점과 겸하고 있다. 이 마을에 여기 한 곳뿐. 시원한 맥주를 들이키며 느긋하게 휴식을 취했다.

시애틀 한인식당에서 청국장을

숙면을 취했다. 침대에서 자반뒤집기를 하며 여유를 부린다. 주유소 편의점 옆 스카이 델리(Sky Deli & Liquor)에서 한국인들을 만났다. 시애틀에서 호텔 지배인으로 일한다는 황대윤 씨 부부와 딸이 함께 여행 중이란다. 내 상황을 얘기하고 나중에라도 전화를 드리면 도움을 주실 수 있냐고 했더니 흔쾌히 그러마고 한다. 시간이 되면 하츠 패스까지 와 주겠다고 한다. 그는 대단하다며 내게 맥주를 6캔이나 사 주고는 스티븐스 패스 쪽으로 떠났다. 또 한 분의 도움을 받을 수 있게 됐다.

리투아니아에서 온 앤드류가 페북 메신저로 내게 사진을 보내왔다. 목적지에 도착해 내가 준 미니어처와 파워젤을 들어 보이며 찍은 사진이었다. 하루에 50km씩 걷는 친구이니만큼 그리 놀랄 일도 아니었지만 안전하게 도착했다니 내가 더 기뻤다. 내일 스티븐스 패스에서 만나기로 문자를 주고받았다. 그와 인연의 끈이 제법 긴 모양이다.

오후 이선구 님 부부께서 내가 있는 곳까지 찾아오셨다. 내게 맛있는 청국장을 사 주겠다며 시애틀 린우드(Lynnwood)에 있는 뉴서울 식당으로 데려갔다. 차로 2시간 거리였다. 한인들이 많이 사는 지역이라 음식점 안엔 모두 한인들. 우리나라 시내 어느 음식점에 온 듯했다. 청국장과 모둠 순대, 국순당 막걸리로 배가 터질 만큼 먹었다.

숙소로 돌아오니 줄리 모녀가 날 기다리고 있었다. 화재로 인해 PCT를 통과하는 레이니 패스(Rainy Pass, 해발 1,478m)와 하츠 패스(Harts Pass, 해발 1,886m)가 폐쇄되었고, 산불이 마자마 마을로 내려가고 있다며 자기 폰을 내게 보여 준다. 내일 아침 일찍 PCT협회에 전화를 해 보고 출발하란 조언도 한다. 이제 목적지가 눈앞인데 300km를 남기고 중단해야 하는 상황에 부닥쳤다.

여기서 멈추게 되면 다시 올 수 있으리란 보장이 없다. 천재지변이라 달리 어찌해 볼 방도가 없어 난감하다. 이루 다 말할 수 없는 고생을 해 가며 예까지 왔는데 여기서 돌아가야 한다니! 일단 내일 아침 연락을 해 본 후, 6일쯤 걸리는 레이니 패스까지 가서 판단해 볼 생각이다. 일단 가는 데까진 가 봐야 하지 않겠나! 고맙게도 줄리가 내일 아침 협회에 전화를 해 주겠단다.

산불로 인해 포장도로가 폐쇄되다

운행을 멈춰야 한다는 사실에 꼬박 밤을 새웠다. 줄리의 남편 스티브가 데스크톱을 열어 화재가 난 지역을 모니터로 보여 준다. 주변엔 10명쯤 되는 하이커들이 모여 스티브의 입만 쳐다보고 있다. 북쪽으로 올라가는 이는 나 혼자뿐이라 스티브가 내게 말한다. "어차피 레이니 패스 이후론 운행을 할 수 없으니 스테헤킨(Stehekin)으로 하산

캐스캐디아 숙소에서. 왼쪽부터 줄리, 이선구 님

해서 쉐란 호수(Lake Chelan)를 가로질러 쉐란 마을로 가서 큰 도시로 이동해야 해." 여기저기서 기다 아니다 의견이 분분하다. 갑론을박이 무슨 소용 있으랴! 그저 가는 데까지 가야 할 일이다.

출발 전에 한 친구가 내게 모기 방지 망(Head net)을 주며 어깨를 토닥여 준다. 햇(Hat)에 덮어쓰면 자연스럽게 모기 망 모자가 된다. 스티븐스 주차장에 다다르니 앤드류가 날 기다리고 있다. 13일 만의 일이다. 부둥켜안고 서로 어깨를 토닥였다. 앤드류가 말한다. "트레일엔 전혀 문제없어!" "그래? 그럼 나중에 리투아니아에서 꼭 만나!" 그는 재주가 좋다. 그 사이 어디론가 자신을 태워 줄 차량을 섭외했다.

북쪽으로 향하는 트레일 입구에 남쪽으로 내려가는 하이커들이 내려온다. PCT를 걷는 데는 전혀 이상이 없다고 한다. 일말의 희망이 엿보인다. 이선구 님 부부와 인사를 나눈다. "완주하고 나서 연락할게요!"

목표 지점까지 반드시 가고야 말겠다는 내 다짐이 발걸음을 가볍게 한다. 9시 반 넘어서 출발했지만 종일 36.2km를 걸었다. 좋은 성적이다. 워싱턴주 구간은 오르내림이 아주 심한 특징이 있다. 그나마 며칠 쉰 덕에 컨디션이 매우 좋다. 앞으로 남은 거리는 266.9km. 일주일쯤 걸으면 닿을 수 있는 거리다. 목표 지점까지 갈 수 있겠단 한 가닥 희망의 끈을 내려놓을 수가 없다.

목적지가 가까워질수록 산길이 더욱 험해진다. 500m를 올랐다가 그만큼 다시 내려가기를 몇 차례 되풀이한다. 마벨(Marvel)과 선샤인

왼쪽이 마벨

(Sunshine)이란 트레일 네임을 쓰는 두 여성을 만났다. 마벨이 말한다. "어제까지 북쪽으로 간 하이커들을 4명이나 만났어." 희망의 줄기가 점점 두터워진다.

도로는 *폐쇄됐지만* 길은 열려 있다

피곤했던지 무려 10시간을 잤다. 비가 오고 바람이 심하다. 시야는 50m 앞도 보이지 않을 만큼 흐리다. 해발 1,805m를 지나자 안개가 걷히면서 천상의 화원이 펼쳐져 있다. 수만 개의 꽃들이 여봐란듯이 제 자랑을 하고 있다. 노랑, 하양, 주황, 빨강, 보라 등 각양각색의 꽃들이 지천에 피고 있다. 특별히 우리나라 백합과(科) 말라리와 똑같은 꽃들이 많아 신기했다. 떡잎이 우리네 피나물과 같은 애들도 있었다.

해발 1,747m에 있는 텐트 사이트(Dolly Vista trail camp)에 짐을 풀었다. 주변엔 하이커들이 4명이나 있었다. 발레리(Valerie)라는 여성이 자리를 내준다. 오늘은 1,136m~1,923m~997m~1,805m를 오르내렸다. 그나마 남아 있는 파워젤이 내 체력을 보충해 주었다. 3일간 평균 36km를 걸었다.

어제에 이어 10시간 이상 숙면을 취했다. 컨디션은 날아갈 듯. 오늘 운행은 807m까지 내려갔다가 1,830m까지 오르는 길. 다행히 한

번만 오르면 된다. 10시쯤 두 여성을 만났다. 리사(Lisa)가 말한다. "화재로 인해 도로가 폐쇄됐지만, PCT 길은 괜찮아. 하지만 반드시 스테헤킨에서 식량을 보급해야 해. 하이 브리지 지점에 가면 스테헤킨행 셔틀 버스가 있어." "고마워, 리사. 좋은 정보를 줘서!"

북쪽으로 가던 잭(Jack)이 둘레가 족히 10m는 될 듯한 엄청나게 큰 나무 앞에서 쉬고 있다. 나무를 배경으로 서로 사진을 찍었다. 앳된 여성을 또 만난다. "오는 길 화재 상황을 알려 줘!" "레이니 패스와 마자마 구간은 도로 폐쇄됐고 트레일은 오픈." "그럼 식량을 어디서 보급해?" "스테헤킨." 갑자기 어깨에 힘이 실린다. 산불이 더 이상 확산되지만 않는다면 이제 모든 문제는 해결된다. 목적지까지 가는 일만 남았다. 스테헤킨까지 내려갔다가 다시 올라오는 불편이 있겠지만 얼마든지 감수할 수 있다. 이젠 맘 놓고 걷자.

오른쪽이 리사. 지금은 페북 친구

누군가 표지판에 미국과 캐나다 경계까지 딱 백 마일 남았다는 표시를 해 놓았다. 실감이 난다. 며칠 전부터 편도선 염증이 와 물조차 마시기 어려운 상황이 계속된다. 사흘 전에 타이레놀 한 알, 이틀 전에 한 알 먹었지만 차도가 없다. 생각지도 못한 곳에서 몸이 괴롭힘을 당하고 있다.

부주의의 극치

매일 맞는 아침이지만, 해는 날마다 숲속에 한 아름 선물을 안긴다. 동이 트면 숲속은 해가 주는 선물을 서로 나누랴 부산하다. 재잘대는 새들, 풀벌레 소리, 잔잔하게 흔들리며 서걱대는 나뭇잎 소리는 그 선물의 향연이다. 목 상태가 현저히 좋아졌다. 부은 목도 많이 가라앉았다. 자연 치유인지 타이레놀 효능인지 모르겠다. 몸은 신체 여러 기관들의 유기적인 결합이라지만 어쩌면 이토록 잘 들어맞는지. 목 상태가 좋아지니 몸과 맘이 한결 고양된다.

외나무다리 앞에서 중년 여성 하이커를 만난다. 왠지 불안해 보이기에 좀 도와주겠다고 했지만 여성은 사양한다. 다리가 제법 길어 중심이라도 놓치면 개울로 추락한다. 그녀는 한 번도 흔들림 없이 건넜다.

여성 3명으로 구성된 포레스터 서비스 공무원들을 만난다. 톱과 도끼, 헬멧 등으로 중무장을 했다. 쉐란 구역 소속인 테레사(Tressa), 젠(Jen), 카민(Karmyn). 테레사가 말한다. "높은 다리(High Bridge) 앞에 가면 스테헤킨으로 가는 셔틀이 9시, 12시, 오후 3시, 오후 6시 이렇게 네 번 운행하니 시간 맞춰 잘 가!" "진짜 고마워, 테레사." 숲 일이라는 게 힘을 쓰는 일이라 여성에게 힘이 부칠 텐데 정말 대단한 여성 파워들이다.

변기가 느껴져 배낭을 나무다리 앞 받침에 기대어 놓았다. 뒷일을 하고 와서 보니 배낭이 아래쪽 급류 가에 굴러떨어져 있다. 안전하게 제대로 세워 놓지 않은 탓이다. 배낭 머리 지퍼를 열어 놨더라면 안경, 치약, 칫솔, 장갑, 똥삽, 선크림 등이 모조리 급류로 휩쓸려갈 뻔

왼쪽부터 테레사, 카민, 젠. 모두 국가 공무원

했다. 찾으려면 태평양을 뒤져야 했을 판이었다. 정말 부주의의 극치다. 불치병이다.

서틀 버스 종점에서 자녀와 트레킹을 온 여성에게 말나리와 비슷한 꽃 이름을 물었더니 망설임 없이 답한다. "Tiger Lily." 9살 브라이스(Bryce)와 7살 레나(Lena). 어찌나 귀엽고 예쁘던지 사진을 찍어 주었다. 녀석들도 앙증맞게 포즈를 취해 준다.

양평에서 5년 동안 살았다는 티파니와 인연을

스테헤킨에 있는 상점에서 5일 치 식량을 고르다 보니 부족하다.

도움을 청하니 아가씨가 내게 말한다. "한국인이세요? 저는 티파니(Tiffani)이고, 양평에서 5년을 살았어요. 부모님은 지금 대구에서 선교 활동을 하고 계세요, 필요한 물건을 말씀하세요." 그녀 덕분에 한국말로 이런저런 음식들을 찾을 수 있었다.

작년에 대학을 졸업했다는 벨링햄(Bellingham)이란 친구와 맥주를 마시며 잠깐 애길 나눴다. 멕시코 경계까지 걷는다 했다. 대한민국을 가 본 적이 있느냐 했더니 고개를 흔든다. 한번 가 보라고, 친절한 한국인들의 품성을 느껴 보고 한국만이 가진 아름다운 자연 풍경을 맛보라고 했다.

바에서는 한 여성이 린다 론스타드가 불렀던 'Long Long Time'을 노래하고 있다. 내게도 익숙한 곡이어서 지그시 눈을 감고 감상을 했다. 감미로우면서도 애절한 곡조가 나그네의 가슴을 둥둥 울리고 있다. 바 앞엔 남북으로 96km나 형성된 쉐란 호수의 물결이 잔잔하게 일렁인다. 수상 경비행기가 날고 있어 하나의 풍경을 수면 위에 더하고 있다.

다음 날 셔틀을 타려는데 티파니가 헐레벌떡 내게 온다. 자기 아버지인 크리스 트립(Chris Tripp)의 휴대폰 전화번호를 적은 쪽지를 내게 건네며 "나는 잘 지내고 있다고 꼭 전해 주세요." 또 하나의 인연이 생겼다.

PCT 길에서 처음 본 곰

셔틀은 정확히 8시에 출발, 어제 그 지점으로 날 데려다준다. 그제 산에서 만난 잭이 보인다, 한 번 만났다고 얼마나 반갑던지. 목적지가 얼마 남지 않았다. 이제 끝이 보인다. 미국과 캐나다 경계까지 가서 하츠 패스로 다시 50여 km를 돌아 나와야 한다. 하지만 하츠 패스에서 마자마로 무사히 갈 수 있을지 의문이다. 그렇긴 해도 차량이 다니는 길에 차 한 대 없으랴. 부닥치면 뭔 해결책이 나오겠지.

길 앞쪽에 있던 시커먼 물체가 후다닥 길옆 숲으로 기어오른다. 멈춰서 앞을 보는 척하면서 검은 물체를 흘겨보았다. 중 크기의 곰이다. 딴청을 하며 녀석에게 주의를 집중했다. 숲으로 좀 더 올라가더니 이내 반대쪽으로 내려간다. 엉덩이를 실룩이며 내가 왔던 길로 사라진다. PCT상에서 처음으로 곰을 만났다. 녀석도 겁을 많이 집어먹은 듯했다.

마지막 구간 하츠 패스를 넘다

레이니 패스에 닿았다. 도로가 폐쇄됐다고 하지만 차량들이 제법 운행을 한다. 도로를 따라 길이 이어진 줄 알고 한참을 걸었지만 트레일 입구 표시가 없다. 왕복 1km를 꼬박 다른 길로 걸었다. 해발 480m에서 1,613m까지 올랐다. 햇볕이 따가워 땀을 엄청나게 흘렸다. 경계까지는 100km 이내. 이제 3일을 걸으면 목적지. 거의 다 왔다고 생각하니 설렌다. 오트밀과 포도잼을 바른 샌드위치로 가볍게 아침 식사. 2,600마일을 지난다.

  남쪽으로 가는 한 친구를 만났다. "어제 이 근방에서 큰 불이 세 군데나 났어. 캐나다 쪽에서 난 화재 규모가 제일 커. 안전 운행해!" 동쪽에서 산불 연기가 끊임없이 하늘로 올라간다. 저 넓은 하늘 공간이 모두 연기로 채워질 만큼 큰 규모다. 완주 후 내려가야 할 마자마 지역이다. 항공기가 연신 날아다닌다. 왔다 갔다 하는 걸 보니 물을 가져와 들이붓는 모양이다. 항공기 소리에 밤새 뒤척였다.

포레스터 서비스 직원인 패티

운행 31일째. 동쪽 하늘엔 연기로 가득 찼다. 일찌감치 출발했고 8시에 하츠 패스에 도착했다. 포레스터 서비스 직원이자 산림 감시원 역할인 패티(Patti)가 말한다. "캐나다 쪽 산불이 계속 이쪽으로 오고 있어. 걷는 데 괜찮겠어?" "괜찮아. 나는 하루에 25마일을 걸으니 모레 다시 이곳에 올 수 있어." "초이, 안전 운행!" "고마워, 패티!" 그녀는 목요일 아침에 교대한단다. 잘하면 그녀의 차를 얻어 탈 수도 있으리라.

5시 전에 운행을 멈췄다. 우디 패스(Woody Pass) 조금 못 미친 지점(해발 1,950m)에 짐을 풀었다. 이제 18km만 더 가면 경계다(The Border). 일찌감치 출발하면 내일 11시 언저리쯤엔 다다를 수 있다. 지대가 높다 보니 바람이 제법 세다.

드디어 미국과 캐나다 경계(The Border)에 서다

밤새 바람 소리에 뒤척였다. 눈을 뜨니 사위는 고요하다. 흔한 새소리조차 들리질 않는다. 왱왱 모깃소리가 간헐적으로 들린다. 날 물든지 말든지 이젠 모기에 무뎌진 듯하다. 오늘은 목적지까지 가는 특별한 날이므로 아껴 놓은 버섯 비빔밥으로 아침 식사.

어쩌면 오늘이 가장 중요한 날일 수도 있다. 미국과 캐나다에 있는

PCT 기념물과 경계 표시인 모뉴먼트 78을 만나는 날이니 설레지 않을 수 없다. 여기까지 오기는 오는구나. 마음 흐트러뜨리지 말고 안전하고 신중하게 운행하자. 지금껏 잘해 오지 않았나! 신발 끈을 동여매고 배낭 어깨 끈을 팽팽하게 조였다. 북쪽과 동쪽에선 산불 연기가 바람을 타고 끊임없이 몰려오고 있다.

4시간 40분을 걸어 드디어 경계에 닿았다. 시작한 지 33일만이다. 캐나다 방향 길엔 지나다닌 흔적이 없이 풀과 나뭇가지가 웃자라 있었다. 적어도 2년 이상 통행이 금지되었을 터. 그냥 캐나다로 가라고 해도 가지 못할 만큼 무성해진 수풀. 여기저기에 거미줄이 걸려 있다. 톡톡 튀는 자세로 PCT를 완주한 친구들의 사진을 여럿 보았기에 PCT 상징물이 그럴싸하다고 생각했으나 보기보단 규모가 작았다. 미국과 캐나다 경계 표시인 모뉴먼트 78 기념비가 상징물 옆에 고즈넉하니 서 있다.

기념사진을 찍고 영상을 촬영했다. "지금은 2021년 7월 27일 화요일 오전 10시 20분, 최인섭은 PCT 미국과 캐나다 경계에 닿았습니다. 33일 동안 걸어서 이곳에 왔습니다. 여기서 북쪽 캐나다 방향으로 14km를 더 걸으면 매닝 파크(Manning Park)가 나오고, 그곳이 사실상 PCT 종점입니다. 지금은 시절이 하 수상해 국경이 폐쇄돼 더 이상 걸을 수 없습니다. 그간 연락이 잘 닿질 않아 마음고생을 많이 한 아내에게 내 사랑과 고맙단 말을 전합니다. 특별히, 포틀랜드에 사시는 이선구 님과 성환 형님 두 분께 진심으로 고맙고 감사하단 말씀을 드

경계에 서다.

4,318km 꿈의 트레일

려요. 이번 워싱턴 구간을 마칠 수 있음은 이 두 분의 도움 덕분이었죠. 이 영상을 빌려 다시 한 번 감사하다는 말씀을 드리고 싶습니다. 이제 이 운행을 마치고 서울로 돌아가면 그간 저를 응원해 주신 분들과 막걸리를 주고받으며 PCT에서 일어난 일들에 대해 이야기를 나누고 싶습니다.”

30여 분 머물다가 다시 남쪽으로 내려간다. 목적지에 닿았다고 끝난 게 아니다. 내가 무사히 집에 도착해야 내 일정이 끝난다. 일단 산에서 벗어나는 일이 급선무다. 하츠 패스를 향해 부지런히 걷는다.

남쪽에서 북쪽으로 오는 친구들(NOBO)

전망 좋은 곳(View Point)을 지나자 반대편에서 오는 두 친구를 만난다. 차림이 예사롭지가 않다. 덥수룩한 수염에 옷은 너덜너덜, 차림은 꾀죄죄하다. 한눈으로 봐도 오랫동안 길에서 지낸 친구들이다. 투나(Tuna)와 트위스터(Twister). 4월 7일, 캠포(Campo)에서 출발했다 하니 110일 동안 4,269km를! 하루도 거르지 않고 매일 40km 이상 걸은 셈이다. 엄청난 주력이다.

그간 워싱턴 구간을 운행하면서 멕시코 경계에서 출발했다는 친구들을 만나지 못했다. 이 두 사람이야말로 올해 NOBO로는 캐나다 경계까지 가는 첫 번째 하이커들이리라. 친구들의 표정에 자신 만만함이 드러난다. 자신들의 일정에 대단한 자부심을 갖는다. 이런 주력이면 아마도 오늘 느지막하니 경계에 도달할 수 있으리라. "Congratulation on your PCT!" 진심으로 축하의 말을 전했다.

앞쪽이 탁 트인 초원에 짐을 풀었다. 북쪽으로 올라가는 친구와 한 장소에서 캠핑을 한다. 이 친구도 내일쯤 경계에 도착해 자신의 운행을 자축하리라. 하츠 패스까지 무사히 돌아오길.

운행 34일째 아침을 맞는다. 동쪽에선 발갛게 해가 뜨는 대신에 산불 연기가 온 하늘을 뒤덮었다. 연기가 내 코까지 들어와 다소 긴장이 된다. 잼을 바른 식빵과 데운 오트밀로 마지막 식사를 한다. 빵과 잼은 티파니가 선택해 준 품목이었다. 아주 훌륭한 선택이었고 난 이걸로 네 끼를 먹었다.

투나와 트위스터

4,318km 꿈의 트레일

어젠 전혀 느끼질 못했는데 오늘은 길에 웬 거미줄이 이렇게 많은지 모르겠다. 코에, 안경에, 얼굴에, 귀에, 팔에 끊임없이 걸리는 거미줄. 거미가 밤새 거미줄을 걸어 신선한 아침 식사를 하려는 의도는 알겠는데, 하필이면 길 위에? 기왕 칠 거미줄이라면 큰 먹이들을 잡자는 심산인가? 아프리카 속담에 이런 말이 있기는 하다. '거미줄도 모이면 사자를 잡는다.'

━━━━ 산불 연기가 점점 많아지고

캐나다 쪽에서 엄청난 규모의 연기가 남쪽으로 내려오고 있다. 북쪽과 동쪽에서 협공을 하고 있다. 북쪽으론 골짜기마다 안개처럼 뿌연 연기가 자리를 잡아가고 있다. 어제 만났던 두 친구는 안전할까? 연기의 밀도가 제법 높은데.

젠(Jen)이란 여성 하이커를 만났다. 가슴에 치와와를 품고 걷고 있다. 치와와 이름이 '쳅'이라며 내리막엔 함께 걷는다고 한다. 어떤 땐 20마일을 걷기도 했다고. 녀석은 주인의 포근한 가슴에서 졸고 있다. 코를 보니 메말라 있다. 강아지들은 코에 물기가 많아야 건강하다던데.

젠은 4월 26일 캄포에서 출발했다는데 그렇다면 101일 만에 4,230km를 걸은 셈이다. 하루도 거르지 않고 매일 42km를 걸었다

젠이 자신의 애견인 챕을 가슴에 품고 있다. 아침 시간임에도 챕은 졸고 있다.

4,318km 꿈의 트레일

고? 엄청난 속도다. 북쪽으로 갈수록 연기가 많으니 조심하라 했더니, 어떤 일이 있어도 경계까지 가야만 한다. 자기 트레일 네임은 캥거루. 강아지를 품은 모습이 영락없이 캥거루다. 안전하게 돌아오라며 인사를 나눈다.

연기 냄새가 점점 심해진다. 5인 가족을 만났다. 그들이 내게 말한다. "마스크 있나요? 하나 줄까요?" "있어요, 고맙습니다." 대한민국에서 온 하이커에게 보내는 온기가 느껴진다.

마지막에 만난 트레일 엔젤

드디어 하츠 패스에 당도했다. 있어야 할 패티는 보이지 않고 고물상으로 가야 할 차 한 대만 보인다. 아무도 없다. 난감했다. 요기를 하고 있던 중 위쪽 비포장도로에서 화물차가 내려온다. 밥그릇을 든 채 냅다 뛰어 차에 접근했다. 카토(Kato)와 발레리(Valerie) 부부다.

내 상황을 말하고 마자마 마을까지만 태워 달라고 했다. 카토가 말한다. "마자마 마을은 산불로 폐쇄됐어. 더 가면 마자마보다 더 큰 마을인 윈스롭(Winthrop)이 있으니 그곳까지 태워 줄게." 이들이야말로 내가 마지막으로 만나는 트레일 엔젤이었다. 카토에게 이런 얘길 했더니 맞다하면서 호탕하게 웃는다. 카토는 레이더 기지에서 일을 하

카토와 발레리

고 돌아가는 중이라고 한다. 산불로 도로가 폐쇄되었음에도 이처럼 행운을 만나긴 쉽지 않다.

마자마 마을은 흡사 유령의 도시처럼 보였다. 흔한 말로 개미 새끼 한 마리조차 보이지 않아 을씨년스러웠다. 거의 한 시간 이상을 달려가는데 오른편에 산불이 보인다. 넓은 대지에 수많은 텐트가 보인다. 임시 대피소인 듯했다.

산불은 능선을 타고 계속 올라간다. 소방차가 내는 출동 소리가 여기저기서 끊임없이 들린다. 하츠 패스에서 60km 이상 떨어진 윈스롭(Winthrop)에서 내렸다. 부부에게 진심으로 감사한다는 인사를 했고, 그들의 사진을 찍었다. 참 아름다운 부부다.

집으로 돌아오다

리오 비스타(Rio Vista) 호텔에 하루를 묵는다. 방 창문을 여니 산불 연기가 여기까지 들어온다. 하지만 마을 분위기는 차분해 보인다. 사람들은 일상인 듯 분주함이 전혀 없다. 물을 운반하는 차량들만 분주히 오간다. 아내에게 전화를 했다. 안전하게 목표 지점까지 가서 무사히 돌아왔다고, 지금 숙소에서 쉬고 있다고. 전화기 저편에서 들리는 아내의 목소리는 조금 상기되었고 축하한단 말을 해 주었다. 이선구 님께도, 무사히 잘 도착해 쉬고 있다 했더니 날 픽업하러 내일 이곳에 오신단다. 왕복 1,500km가 넘는 곳인데! 지인들에게도 PCT 완주를 알렸다. 이제 걷기는 끝났다. 편안하게 숙면을 취했다.

하늘엔 여전히 연기로 가득하다. 소방차들만 분주하게 풀방구리에 새앙쥐 드나들 듯 연신 물을 실어 나른다. 이럴 때 폭우라도 한 번 쏟아진다면 산불이 쉽게 진압될 텐데 비가 내릴 낌새조차 없다. 오히려 불난 데 부채질하듯 햇볕은 더 뜨겁게 대지를 달구고 있다.

윈스롭 안내센터에서 자원봉사 활동을 하고 있는 말레네(Marlene)에게 PCT협회로 기부한다는 기부금 서약서를 작성해 제출했다. 말레네는 내 서약서를 직접 우체통에 넣어 준다. 이선구 님 부부가 700km를 달려 이곳에 왔다. 두 분과 얼싸안고 완주의 기쁨을 누렸다. 오리건주 야키마로 이동해 한인이 운영하는 식당에서 저녁을 먹고 다시 포틀랜드로 향했다. 포틀랜드에 도착하니 밤 11시 30분, 성환 형님은 오늘 1,600km쯤 운행을 했단다.

걷기가 모두 끝났으니 이제 돌아갈 일만 남았다. PCR 검사를 하고 음성 확인서를 제출해야 귀국할 수가 있단다. 월그린(Walgreen)에 접속을 했고 마침내 신청 접수를 마쳤다. 8월 2일 월요일 오전에 검사를 받았고, 오후 7시쯤 음성 결과를 메일로 받았다. 이튿날 두 분과 내년 9월쯤 서울에서 만나기로 약속을 하고 난 인천행 비행기에 몸을 실었다. 아직도 잘 실감이 나질 않는다. 앞으로 내게 또 이런 일이 생길까? 내가 탄 비행기가 태평양 하늘을 높이 날고 있다.

윈스롭 시내, 미국 영화 속에서나 나올 법한 고풍스런 마을

PCT 길은 산허리를 가로지른다.

• 오늘의 나는 내일보다 젊다 •

하이커들 사이에서 이른바 '꿈의 트레일'이라 불리는 PCT. 멕시코와 미국의 경계인 캘리포니아 캄포(Campo)에서 시작해 미국 국경을 넘어 캐나다 매닝 파크(Manning Park, 캐나다 구간은 13.6km)까지 연결된 4,283.3km짜리 트레킹 코스. 보통 퉁 쳐서 4,300km라고 불린다. 2020년 3월 6일부터 시작해 7월 28일까지 걸었다. 완주를 목표로 부지런히 걸었지만, 남부 캘리포니아와 중부 구간 도중, 양쪽 오금을 다치는 통에 3,456km 지점인 '신들의 다리(Bridge of the Gods)'에서 멈췄다.

그리고 2021년 6월 25일 오전 8시, 지난해 멈췄던 그 자리에서부터 다시 걷기 시작해 7월 27일(33일간)에 미국과 캐나다 경계(Monument 78)에 섰다. 지난해까지 포함해 걸었던 길이는 총 4,318.64km. 워싱턴 구간은 863.5km(경계에서 하츠 패스까지는 다시 49km를 걸어서 나와야 한다).

청년재단에 기부한 액수는 469만 원. 직장 선배와 동료, 친구들의 후원으로 내가 약정한 액수보다 훨씬 많았다. 이 지면을 빌려 내게 흔쾌히 도움을 보내준 이분들께 다시 한 번 고맙단 말씀을 드린다.

PCT를 걸으며 미국 사람들의 도움을 무척 많이 받았다. 특히, 식량 보급이나 쉬기 위해 마을로 이동할 때, 수십 킬로미터가 보통이므로 차량 없이는 불가능하다. 도로를 만날 때마다 손을 흔들 경우 그들은 흔쾌히 날 태워 주었다. 심지어는 자기가 가는 방향과 반대로 가야 함에도 불구하고 그들은 기꺼이 목적지까지 날 태워 주고는 돌아가곤 했다. 진심으로 고마운 사람들이다. 그들로 봐서는 내가 외국인이란 점도 고려를 했을 듯했다. 그렇지만, 그들은 자기 시간을 버리고 날 위한 시간으로 채웠다.

그들이 내게 준 도움을 나도 우리나라를 찾는 외국인들에게 되돌려 주고 싶다. 지금이야 국가 간 이동이 제한되어 있지만, 어느 땐가 우리나라를 찾는 세계인들에게 내가 받은 도움과 친절을 고스란히 되돌려 줄 때가 분명히 오리라. 두 배쯤으로 갚을 생각이다.

나이 60에 이룬 PCT. 내가 가장 비중 있게 생각한 버킷 리스트를 달성했다. 오랫동안 저 길을 걸으며 나름대로 한 뼘쯤 성장했다는 느낌을 받았다. 어느 순간 그런 느낌이 번개처럼 내게 왔다. 이 세상엔 나를 위한 일들뿐만 아니라 알지도 못하는 세계인들을 위해서도 뭔가를 이뤄 내는 사람들이 많다. PCT를 조성한 미국인들이 바로 그런 이들이다. 난 그이들의 노고와 수고 덕에 사고 없이 오랫동안 길을 걸을 수 있었다.

내가 완주한 열매의 절반은 그이들이 가꾸고 물을 준 덕분이다. 난 그저 그 열매를 따 먹었을 뿐. 지면을 빌려 그이들의 노고와 수고에 깊은 경의를 표한다. 맘에서 저절로 우러나 난 PCT협회에 200불을 후원했다. 이 시대에 저 길을 걷는 영광에 비하면 하찮기는 하지만 조금이나마 표시를 하고 싶었다.

상투적인 말이지만, 나이는 그저 숫자에 불과하다고 믿는다. 설렘과 열정을 가졌다면 절반은 이루는 셈이라고 감히 말하고 싶다. 난 그 설렘과 열정을 밑천으로 삼아 떠났고 무사히 돌아왔다. 오로지 혼자 길을 걸으며 즐거움을 동무 삼았다. 길 위에서 만나는 이들마다 반갑게 인사를 하고 내 얘기를 먼저 했다. 그다지 외롭지도 않았다.

도쿄 탁구 여자 단식에서 우리나라 신유빈 선수와 맞붙어 패한 니시아 리안(룩셈부르크, 58세) 선수는 경기 후 인터뷰에서 이런 말을 했다. "오늘의 나는 내일보다 젊다. 그러니 여러분도 나처럼 (나이) 걱정 말고 즐기면서 도전하기를 바란다." 58세에 선수로 뛰는 사람이니 그간 이기고 지는 경우를 숱하게 겪었을 테고, 그런 과정을 통해 얻게 된 자연스런 성찰이리라.

체 게바라(본명 Ernesto Rafael Guevara de la Serna)는 이렇게 말했다. "태양을 마주할 용기가 있는 젊은이라면 누구나 뜨거운 가슴을 찾아 헤맬 줄 알아야 한다."라고. 육체적으로 난 이미 젊음을 벗어났지만, 정신만은 여전히 유효하다.

PCT 운행 시
알아야 할 몇 가지 정보

PCT 허가 신청에 관한 정보

- PCT(Pacific Crest Trail): 멕시코와 미국 경계 인근 Campo에서 미국과 캐나다 경계를 지나 캐나다 매닝 파크(Manning Park)까지 미국 서해안을 따라 오르는 2,662마일(4,283.1km)의 트레일 코스. 하이커가 어디에서 출발하느냐에 따라 보통 NOBO(North Bound)와 SOBO(South Bound)로 나눈다. NOBO는 남쪽에서 북쪽으로 올라가는 하이커이며, SOBO는 북쪽에서 남쪽으로 내려가는 하이커를 말한다.

- PCT 구간 500마일 이상을 운행하려면 미국 비자를 받아야 하고 (전체 종주를 하려면 6개월짜리 B1/B2 비자가 필요하다), 미국 PCT협회(PCTA)에서 발행하는 허가증을 받아야 한다. 협회에서는 두 차례 허가 신청을 받는다. 이는 첫 신청을 놓친 사람을 위해 다시 한 번

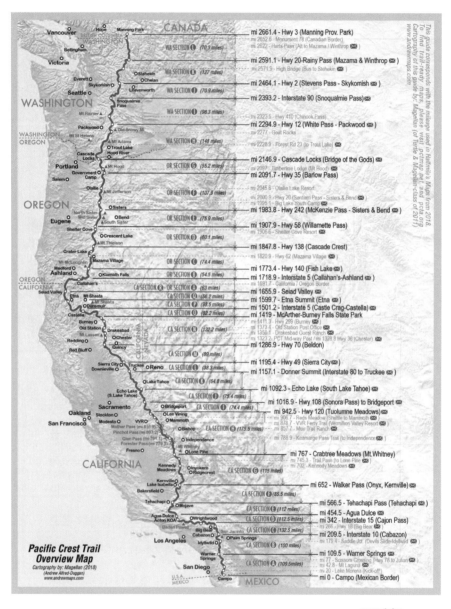

Pacific Crest Trail
Overview Map
Cartography by: Magellan (2018)
(Andrew Alfred-Duggan)
www.andrewsmaps.com

mi 2661.4 - Hwy 3 (Manning Prov. Park)
mi 2652.6 - Monument 78 (Canadian Border)
mi 2622 - Harts Pass (Alt to Mazama / Winthrop ✉)

mi 2591.1 - Hwy 20-Rainy Pass (Mazama & Winthrop ✉)
mi 2571.9 - High Bridge (Bus to Stehekin ✉)

mi 2464.1 - Hwy 2 (Stevens Pass - Skykomish)

mi 2393.2 - Interstate 90 (Snoqualmie Pass)✉

mi 2323.5 - Hwy 410 (Chinook Pass)

mi 2294.9 - Hwy 12 (White Pass - Packwood ✉)
mi 2277 - Goat Rocks

mi 2228.9 - Forest Rd 23 (to Trout Lake) ✉

mi 2146.9 - Cascade Locks (Bridge of the Gods) ✉
mi 2097 - Timberline Lodge (Mt Hood)

mi 2091.7 - Hwy 35 (Barlow Pass)

mi 2045.6 - Olallie Lake Resort
mi 2000.9 - Hwy 20 (Santiam Pass - Sisters & Bend ✉)
mi 1995.1 - Big Lake Youth Camp ✉

mi 1983.8 - Hwy 242 (McKenzie Pass - Sisters & Bend ✉)

mi 1907.9 - Hwy 58 (Willamette Pass)
mi 1906.6 - Shelter Cove Resort ✉

mi 1847.8 - Hwy 138 (Cascade Crest)

mi 1820.9 - Hwy 62 (Mazama Village ✉)

mi 1773.4 - Hwy 140 (Fish Lake ✉)

mi 1718.9 - Interstate 5 (Callahan's-Ashland ✉)
mi 1691.7 - California / Oregon Border

mi 1655.9 - Seiad Valley ✉

mi 1599.7 - Etna Summit (Etna)

mi 1501.2 - Interstate 5 (Castle Crag-Castella) ✉
mi 1419 - McArther-Burney Falls State Park
mi 1411.3 - Hwy 299 (Burney ✉)
mi 1373.4 - Old Station Post Office ✉
mi 1350.1 - Drakesbad Guest Ranch ✉
mi 1323.2 - PCT Mid-way Post / mi 1328.8 Hwy 36 (Chester) ✉

mi 1286.9 - Hwy 70 (Beldon)

mi 1195.4 - Hwy 49 (Sierra City✉)
mi 1157.1 - Donner Summit (Interstate 80 to Truckee ✉)

mi 1092.3 - Echo Lake (South Lake Tahoe) ✉

mi 1016.9 - Hwy 108 (Sonora Pass) to Bridgeport
mi 942.5 - Hwy 120 (Tuolumne Meadows)✉
mi 906.7 - Reds Meadow (Shuttle to Mammoth ✉)
mi 878.7 - VVR Ferry Trail (Vermilion Valley Resort ✉)
mi 857.7 - Muir Trail Ranch ✉

mi 788.9 - Kearsarge Pass Trail to Independence ✉)

mi 767 - Crabtree Meadows (Mt.Whitney)
mi 745.3 - Trail Pass (to Lone Pine ✉)
mi 702 - Kennedy Meadows ✉)

mi 652 - Walker Pass (Onyx, Kernville) ✉

mi 566.5 - Tehachapi Pass (Tehachapi ✉)

mi 454.5 - Agua Dulce
mi 342 - Interstate 15 (Cajon Pass)
mi 266 - Hwy 18 (Big Bear ✉)
mi 209.5 - Interstate 10 (Cabazon)
mi 179.4 - Saddle Jct. (Devils Side-Idyllwild ✉)

mi 109.5 - Warner Springs
mi 77 - Seasons Greeting (Hwy 78 to Julian ✉)
mi 42.8 - Mt Laguna (Kick-off)
mi 20 - Lake Morena (Kick-off)
mi 0 - Campo (Mexican Border)

This guide corresponds with the mileage used in Halfmile's Maps from 2018.
To find trail-ready maps, please visit pctmap.net, and pcta.org
Cartography of this guide by: Magellan (of Turtle & Magellan-class of 2011)
www.andrewsmaps.com

PCT 개념도

4,318km 꿈의 트레일

기회를 주는 경우다. https://permit.pcta.org에서 허가 신청을 하면 된다.

【2022년 운행 허가 신청 방법】

NOBO(North Bound)의 경우

- 1차 신청은 우리나라 시간으로 2021.11.10.(수) 03:30 실시
- 2022.3.1. ~ 5.31.(92일간) 매일 35명씩 신청 가능
- 이 기간 동안 자기가 원하는 날짜를 선택하면 신청을 마친 숫자가 붉은색으로 나타난다. 예를 들어서 자기가 선택한 날짜에 '35'란 숫자가 있다면 그날 신청이 끝났다는 뜻이며, '35'보다 낮은 숫자가 있는 날을 택하면 된다. 해서 1차로 총 3,220명(35명×92일)이 신청을 하게 된다.
- 2차 신청은 우리나라 시간으로 2022.1.12.(수) 03:30 실시
- 2022.3.1. ~ 5.31.(92일간) 매일 15명씩 신청 가능
- 이 기간 동안 자기가 원하는 날짜를 선택하면 신청을 마친 숫자가 붉은색으로 나타난다. 예를 들어서 자기가 선택한 날짜에 '15'란 숫자가 있다면 그날 신청이 끝났다는 뜻이며, '15'보다 낮은 숫자 수가 있는 날을 택하면 된다. 해서 2차로 총 1,380명(15명×92일)이 신청을 하게 된다. 결론적으로 말하자면 3월 1일부터 5월 31일까지 1차와 2차를 합해 매일 50명씩 Campo에서 출발해 북쪽을 향해 운행한다.

SOBO(South Bound)의 경우

- 1회 신청뿐, 우리나라 시간으로 2021.11.10.(수) 03:30 실시

- 2022.6.15. ~ 6.30.(16일간) 매일 15명씩 신청 가능

- 이 기간 동안 자기가 원하는 날짜를 선택하면 신청을 마친 숫자가 붉은색으로 나타난다. 예를 들어서 자기가 선택한 날짜에 '15'란 숫자가 있다면 그날 신청이 끝났다는 뜻이며, '15'보다 낮은 숫자가 있는 날을 택하면 된다. 해서 총 240명(15명×16일)이 신청을 하게 된다. 보통 SOBO는 전체 하이커의 10% 미만이다.

PCT 허가증(예)

Page

Pacific Crest Trail Association

PCT Long-distance Permit

ID: N5N-V7W **Number in party:** 1	**Issue date:** 2020-01-29 **Printed on:** 2020-02-1 at 04:20 PST
Name/Address: In seob choi Republic of Korea Mokdongseoro 340 Mokdong Apartment 930-808 Yangcheon-Gu, Seoul 08089	**OFFICIAL USE ONLY:**
Dates: 2020-03-06 to 2020-08-25	**Children on permit:**
Start: mi.0 - Mexican border near Campo (CA SR 94) **End:** mi.2650 - Canadian border	
Method of travel: foot or horseback only	**Number of stock:** 0

General Pacific Crest Trail Regulations

Please help preserve the wild character of the Pacific Crest Trail. By using a PCT Long-distance Permit, you agree to abide by all terms and regulations which apply to the areas that you visit. The full terms of the permit were provided when you printed it. Failure to comply may lead to your permit being invalidated and revoked.

Summary of Permit Terms

1. Your itinerary must be for a trip of 500 or more continuous miles.
2. Permit holders must start on the day and at the location listed on their permit.
3. Permit holders must print and carry a physical, easily legible, unlaminated, paper permit while on the trail. Digital versions are not allowed
4. Long-distance permits do not allow for camping off the PCT corridor, this includes while traveling to and from trailheads. Additional permits may be necessary if camping outside the PCT corridor.
5. Permits allow for travel off the PCT to resupply or access trailheads within fifteen trail miles of the PCT. This travel must be done on the most direct trail between the PCT and the trailhead.
6. Travel in the Southern Sierra (Kennedy Meadows South to Sonora Pass) must be completed within 35 days and travel must be continuous with no skips or changes in direction.

Summary of Local Regulations

1. Generally, do not camp closer than 100 feet (30 meters/40 paces) from lakeshores, streams, and developed trails. Camp on durable surfaces.
2. Fire restrictions vary depending on location and conditions. During periods of high fire danger, much of the PCT can be under strong fire restrictions. Never build new campfire rings.
3. To protect wildlife: food, trash and scented items must be stored in a manner to keep wildlife from gaining access. In some places, an allowed bear canister/pannier is required. Elsewhere, use a canister, hang food or otherwise store appropriately.
4. Pack out all trash. Do not leave anything behind on the trail.
5. Group size limits may be as low as 8 people in one place at a time.
6. Bury human waste at least 6 inches deep. Dispose of human waste and wash water more than 200 feet from water, campsites and trails. Carry out your toilet paper.

SIGN HERE   *In seob, Choi 최인섭*   VALID ONLY WHEN SIGNED.

PCT 협회에서 필자에게 보낸 허가증

PCT 운행에 따른 몇 가지 알아야 할 정보

음식물 재보급(Resupply)

- PCT는 원체 먼 길을 걷기에 중간중간 음식물을 재보급해야 한다. 한 번에 보통 적게는 3일에서 길게는 10일 치 분량의 식량을 지고 가야 하기에 치밀한 계획이 필요하다. 구간의 거리와 자신의 체력 등을 고려해 며칠간의 음식을 준비해야 하는지를 잘 생각해야 한다. 음식 재보급 방법에는 두 가지를 생각해 볼 수 있다.

- 첫째, 운행 도중에 만나는 마을의 우체국이나 하이커 물품을 받아 주는 스토어 등에 미리 보내는 방식이다. 하지만, 찾는 날짜와 위치, 운영 시간 등을 놓칠 경우 자신의 물품을 찾기가 매우 곤란한 처지에 놓인다는 단점이 있다. 미국 친구들이 이런 방식을 통해 음식을 보급한다.

- 둘째, 운행 도중에 만나는 마을에서 직접 음식물을 구입하는 방식이다. 산길을 걷다 보면 우리나라 백두대간이나 정맥의 상황과 비슷하게 자동차 도로를 만난다. 히치하이킹을 통해 가까운 마을로 이동해 스토어나 마켓 등에서 필요한 음식물을 구입하면 된다. 필자는 출발 전 샌디에이고에서 몇 군데 우체국으로 음식 보급 박스를 보낸 경험이 있다. 하지만 빨래를 한다거나 쉴 곳을 찾다 보면 마을을 만나게 되고 자연스럽게 음식물을 살 수 있었다. 해서 이후부터 이런 방식으로 방문하는 마을에서 음식을 보급했다.

4,318km 꿈의 트레일

지도? GPS? 앱?

• 필자는 지도와 앱을 가지고 운행을 했다. 하지만 지도를 보는 일은 극히 적었고, 주로 앱을 사용해서 운행을 했는데 문제가 없었다. 등고선과 거리, 강, 크릭, 계절별 물 흐르는 곳, 텐트 사이트, 갈림길, 호수, 전망대(Viewpoint), 항상 물 흐르는 곳, 들머리와 날머리, 패스, PCT 인근 숙소·음식점·등산 장비점·스토어·마켓·우체국 등이 잘 표기되어 있다. Play 스토어에서 Guthook's Pacific Crest Trail Guide앱을 유료로 내려받으면 된다.

장비 등

• 개인 장비로는 배낭(보통 55~65ℓ짜리), 배낭 커버, 침낭과 매트리스, 경등산화, 헤드램프, 알파인 스틱, 기능성 소재 반팔 티셔츠와 긴팔 티셔츠, 경량 재킷과 방풍 재킷, 긴 바지와 반바지, 속옷, 장갑, 선글라스, 세면도구, 시계, 카메라, 라이터 등을 준비한다.

• 야영 장비로는 텐트와 그라운드시트, 매트리스, 경량 실내등이 필요하고, 취사 장비로는 1인용 쿠킹 세트, 스토브, 물병, 정수기, 다용도 칼 등을 갖춰야 한다. 소모품으로는 연료용 이소가스, 화장지, 건전지 등이 필요하며, 기타 물품으로는 설사 멈춤제, 두통약, 후시딘, 반창고(여러 종류의 밴드), 1회용 면도기 등이 필요하다.

• 3월 중에 출발할 경우 시에라의 눈을 헤치고 나가야 하기에 마이크로 스파이크(아이젠)와 버프도 필요하다. 시에라 구간을 넘기 위

해서는 곰통도 필수. 재키가 운영하는 Triple Crown Outfitters에서 살 수 있고 대여할 수도 있다. 시에라 구간에서부터 모기가 엄청나게 많다. 모기 방지 망(Head Net)도 꼭 준비해야 한다. 햇 위에 뒤집어쓰기만 하면 된다.

샌디에이고에서 캄포(Campo)로 가는 방법

- 샌디에이고 Santa fe Depot/American Plaza로 이동해서 엘 카존 트랜짓 센터(El Cajon Transit Center)행 오렌지색/녹색 트롤리 열차를 타고 El Cajon Transit Center에서 내린다. 또는 샌디에이고 시내 여러 역에서 El Cajon Transit Center행 오렌지색/녹색 트롤리 열차를 타도 된다.

- 엘 카존 트랜짓 센터에서 계단 밑을 보면 894번 버스가 대기하고 있다. 이 버스를 타고 운전기사에게 PCT 출발점으로 간다고 하면 종점인 Forest Gate Road에서 내려 준다. 버스에서 내리면 바로 앞에 스토어가 보인다. 이곳에서 더 필요한 물품을 살 수 있다. 여기서부터 2.4km쯤 가면 PCT 출발점이 보인다. 바로 뒤에는 미국과 멕시코 경계를 알리는 긴 담벼락이 보인다.

버스 종점 부근에 있는 캄포 그린 스토어

오른쪽 흰 표지판에 캄포 방향 화살표가 보인다.

Baby blue-eyes

Califonia poppy

Califonia poppy

4,318km 꿈의 트레일

Dandelion

Serpentine scorpionweed, rock phacelia

Slender goldfields

Blue dicks

Claytonia virginica

Creeping spearwort, creeping buttercup

4,318km 꿈의 트레일

Fan-leaf cinquefoil

Marsh forget-me-not

Snow plant

북부 캘리포니아에서 만난 들꽃

Alpine shooting star

common media, autumn showy tarweed

Califonia Indian-pink

Green-banded mariposa lily

Columbia lily, small-flowered tiger lily

Longleaf phlox

4,318km 꿈의 트레일

Madonna lily   Red willowherb, broad-leaved willowherb

Menzies' larkspur, coastal larkspur (2)   Scarlet gilia, skyrocket

Mertens' saxifrage   Siskiyou lewisia

Avalanche lily

Candy flower, Siberian miner`s lettuce

Bear grass

Common St. John`s wort,
Klamathweed, goatweed

blue-headed gilia, globe gilia

Dichelostemma capitatum

Farewell-to-spring

Herb Robert, stinky Bob

Glaucous willowherb, smoothstem fireweed

Northern inside-out flower

Heart-leaved pyrola , bog wintergreen,
pink wintergreen

Red columbine, Sitka columbine

Scouler`s Harebell

Small-flowered blue-eyed Mary

Sky pilot

Tapertip onion

Slender paintbrush, giant red paintbrush

Trapper`s gentian, marsh gentian

4,318km 꿈의 트레일

Alpine speedwell, alpine brooklime

Cusick`s speedwell

Bunchberry, dwarf dogwood,
western cordilleran bunchberry

Gormam`s lomatium, salt and pepper

Candy flower, Siberian miner`s lettuce

Howell`s mariposa

Lewis`s monkeyflower, great purple monkeyflower

Northern inside-out flower

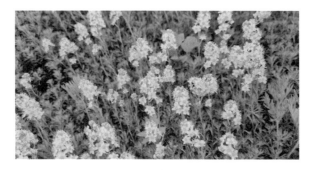

Partridgefoot

Phantom orchid

Pink mountain-heather

Queen-cup, bead lily

Scarlet gilia, skyrocket

Showy polemonium, short Jacob`s ladder, skunk-leaved polemonium

Traveler`s joy

Twinflower

Washington monkeyflower

White heather, Merten`s mountain-heather